1판 2쇄 발행 2022년 11월 10일

글쓴이	태미라
그린이	주세영

편집	이용혁 이순아
디자인	문지현 오나경

펴낸이	이경민
펴낸곳	㈜동아엠앤비
출판등록	2014년 3월 28일(제25100-2014-000025호)
주소	(03737) 서울특별시 서대문구 충정로 35-17 인촌빌딩 1층
홈페이지	www.moongchibooks.com
전화	(편집) 02-392-6901 (마케팅) 02-392-6900
팩스	02-392-6902
전자우편	damnb0401@naver.com
SNS	

ISBN 979-11-6363-325-9 (74400)

※ 잘못된 책은 구입한 곳에서 바꿔 드립니다.
※ 이 책에 실린 사진은 위키피디아, 셔터스톡에서 제공받았습니다.

도서출판 뭉치는 ㈜동아엠앤비의 어린이 출판 브랜드로, 아이들의 지식을 단단하게 만들어 주고, 아이들의 창의력과 사고력을 키워 주어 우리 자녀들이 융합형 창의 사고뭉치로 성장할 수 있도록 좋은 책을 만들겠습니다.

펴내는 글

우리 주변의 화학 물질에는 어떤 것들이 있을까?
나쁜 화학 물질로부터 몸을 지키려면 어떻게 해야 할까?

선생님의 질문에 교실은 일순간 조용해지기 시작합니다. 인내심이 한계에 다다른 선생님께서 콕 집어 누군가의 이름을 부르는 순간 내가 걸리지 않았다는 안도감에 금세 평온을 되찾지요. 많은 사람 앞에서 어떻게 말을 해야 할까 고민 한번 해 보지 않은 사람은 없을 겁니다.

사람들 앞에서 자신의 생각을 조리 있게 전달하는 기술은 국어 수업 시간에만 필요한 것이 아닙니다. 학교 교실뿐만 아니라 상급 학교 면접 자리 또는 성인이 된 후 회의에서도 자신의 의견을 분명히 표현할 수 있어야 합니다. 하지만 어디서부터 시작해야 할지 몰라 입을 떼는 일이 쉽지 않습니다. 혀끝에서 맴돌다 삼켜 버리는 일도 종종 있습니다. 얼떨결에 한마디 말을 하게 되더라도 뭔가 부족한 설명에 왠지 아쉬움이 들 때도 많습니다.

논리적 사고 과정과 순발력까지 필요로 하는 토론장에서 자신만의 목소리를 내려면 풍부한 배경지식은 기본입니다. 게다가 고학년으로 올라가서 배우는 수업과 진학 시험에서의 논술은 교과서 속의 내용만을 요구하지 않습니다. 또한 상대의 의견을 받아들이거나 비판하기 위해서도 의견의 타당성과 높은 수준의 가치 판단을 해야 하는 경우가 많은데, 자신의 입장을 분명히 하기 위해선 풍부한 자료와 논거가 필요합니다.

토론왕 시리즈는 우리 주변에서 일어나는 다양한 사건과 시사 상식 그리고 해마다 반복되는 화젯거리 등을 초등학교 수준에서 학습하고 자신의 말로 표현할 수 있도록 기획되었습니다. 체계적이고 널리 인정받은 여러 콘텐츠를 수집해 정리하였고, 전문 작가들이 학생들의 발달 상황에 맞게 스토리를 구성하였습니다. 개별적으로 만들어진 교과서에서는 접할 수 없는 구성으로 주제와 내용을 엮어 어린 독자들이 과학적 사고뿐만 아니라 문제 해결력, 비판적 사고력을 두루 경험할 수 있도록 하였습니다. 폭넓은 정보를 서로 연결 지어 설명함으로써 교과별로 조각나 있는 지식을 엮어 배경지식을 보다 탄탄하게 만들어 줍니다. 뿐만 아니라 국어를 기본으로 과학에서부터 역사, 지리, 사회, 예술에 이르기까지 상식과 사회에 대한 감각을 익히고 세상을 올바르게 바라보는 눈도 갖게 할 것입니다.

『유해할까? 유용할까? 생활 속 화학 물질』은 우리 일상에서 접하게 되는 수많은 화학 물질에 대한 모든 것을 다루고 있습니다. 이 책을 통해 독자들이 화학 물질에 대해 배우고 그 위험성과 대처법을 제대로 익힐 수 있다면 이 책의 가치는 충분히 발휘된 것입니다. 또한 우리 생활의 편의를 위해 만든 화학 물질들이 어떠한 문제점을 일으키는지 알아보고, 이 문제를 해결하기 위한 방안을 스스로 찾아볼 수 있는 계기가 된다면 더없이 소중한 시간이 될 것입니다.

편집부

# 차례

펴내는 글 · 4

나는 자연인이어라! · 8

 **1장 화학 물질의 두 얼굴 · 11**

난 화학이랑 별로 안 친해

머리카락은 실험 대상이 아니야!

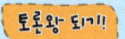 화학자 프리츠 하버, 인류를 살린 구원자?
인류를 죽인 살인자?

 **2장 욕실 안 화학 물질 · 35**

엄마, 비행중 여사의 깊은 뜻

원래 슈퍼스타는 맨 마지막에 등장하는 법

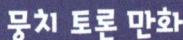 우리는 어떻게 유해 화학 물질에 중독되는 걸까?

뭉치 토론 만화
우리 집은 온통 화학 물질 천국! · 54

3장 의약품 안 화학 물질 · 63

연구광, 세계 최초 천연 무좀 약 연구 중!

약을 버리러 약국에 갔다고?

토론왕 되기!! 의약품, 우리에게 정말 약이기만 할까?

4장 새 차, 새집 안 화학 물질 · 85

새 차 보기를 돌같이 하라?

새집을 바싹 굽는다고, 빵처럼?

토론왕 되기!! 혹시 우리 집이 병든 집이라면 어떻게 해야 할까?

5장 운동장 안 화학 물질 · 107

흙먼지 폴폴 운동장이 자랑거리라고?

우리는 어린이 유해 화학 물질 지킴이!

토론왕 되기!! 다가오는 미래, 인류는 어떤 화학 물질들과 어우러져 살게 될까?

어려운 용어를 파헤치자! · 127

화학 물질 관련 사이트 · 128

신 나는 토론을 위한 맞춤 가이드 · 129

화학 물질의 두 얼굴

 난 화학이랑 별로 안 친해

"이, 이, 이 자연인이 정말 아빠라고?"

아빠가 옛날부터 모아 놓은 동영상들을 들여다보던 지롱이의 눈이 갑자기 왕방울만 해졌어요. 놀란 눈을 끔뻑거리며 금방이라도 빨려 들어갈 듯 모니터를 들여다보느라 지롱이의 커다란 눈알이 툭 하고 튀어나올 것만 같았어요.

"그렇다니까. 내가 바로 '나는 자연인이어라'에 나온 전설의 노총각 자연인 맞아!"

아빠는 열심히 박박 설거지를 하며 대답했어요.

"말도 안 돼. 저 사람이 아빠라니!"

지롱이는 도무지 믿기지가 않았어요. 앞치마를 두른 아빠 얼굴 한 번 보고, 모니터 속 산신령 같은 자연인 아저씨 얼굴 한 번 보고, 고개를 계속 왔다 갔다 몇 번을 번갈아 보았어요. 아무리 봐도 믿을 수가 없었지요.

"이래 봬도 나 방송 데뷔한 아빠야. 음하하하!"

바지런히 설거지를 마치고, 과일을 예쁘게 깎아 내오는 아빠의 어깨엔 자신감이 잔뜩 들어가 보였어요.

"끄응. 처녀 귀신도 울고 갈 긴 머리에 산신령 저리 가라 할 긴 수염 자연인으로 방송 데뷔라니, 정말 두고두고 길이 남을 흑역사 같은데."

"라떼는 나 때는 말이야, 자연인들 사이에서 긴 머리, 긴 수염이 유행이었다고."

오늘도 어김없이 아빠 입에서 '라떼는 말이야'가 나왔어요.

"어이, 그 말 왜 안 나오나 했네. 걸핏하면 라떼는 말이야, 라떼는 말이야 하니까 엄마가 아빠를 '나주부'라는 이름 대신 '라떼 씨'라고 별명을 부르지."

"무슨 소리! 정말로 라떼는 말이야, 그게 최신 유행이었다니까! 여보, 안 그래?"

아빠는 자기편을 들어줄 여보이자 지롱이의 엄마인 '비행중' 여사를 애타게 불렀어요. 하지만 지롱이 옆에서 함께 동영상을 보던 비행중 여사는 어느샌가 꿈나라로 한창 비행 중이었어요.

"쉿! 엄마가 오늘 새벽 비행 다녀와서 피곤한가 봐."

지롱이는 검지를 입에 갖다 대며 작은 목소리로 말했어요. 아빠도 행여 피곤한 엄마가 꿀잠에서 깰까 봐, 알았다고 고개를 끄덕이며 까치발로 조용히 다가와 앉았어요.

항공사 승무원인 엄마의 시시때때로 바뀌는 비행 스케줄 때문에 지롱이네 가족의 밤낮도 덩달아 그때그때 바뀌기 일쑤였어요. 특히 오늘처럼 새벽 비행에서 돌아온 날은 엄마의 피곤함과 예민함이 하늘을 찌르기 때문에 정신을 바짝 챙겨야 해요. 언제 우르르 쾅쾅 천둥 번개가 내려칠지 모르거든요.

엄마가 깰세라 숨소리도 죽인 채 동영상 감상을 마저 하려고 하는데,

바로 그때 창밖으로 비행기 한 대가 굉음과 함께 파란 하늘에 하얀 길을 만들면서 지나갔어요.

"휘이이이잉!"

그 소리에 자고 있던 엄마가 벌떡 일어났어요. 그러더니 옆에 있던 리모컨을 마이크처럼 잡는 게 아니겠어요?

"손님 여러분, 저희 비행기는 곧 인천 공항에 도착하겠습니다. 우리들 항공과 함께 즐겁고 편안한 시간 보내셨습니까?"

엄마는 잠꼬대인데도 어찌나 매끄럽게 술술 기내 방송을 하는지 중간에 끼어들 틈도 없었어요. 엄마의 직업병 증상 중 하나인지라 지롱이와 아빠는 오늘도 그러려니 하며 굳이 말리지 않았어요.

"네네! 비행중 승무원님 최고!"

오히려 엄마가 민망해 할까 봐 맞장구까지 쳐 주었어요.

"어머나 어머나! 나 또 잠꼬대 기내 방송 한 거야?"

그제야 잠이 확 깬 엄마는 괜히 머쓱한지 머리를 긁적거리며 둘을 향해 씨익 웃었어요. 아빠와 지롱이도 킥킥킥 따라 웃었어요. 역시 엄마의 웃는 모습은 회사에서 8년 연속 올해의 미소상을 받을 만큼 다른 사람들의 기분을 금세 좋아지게 만들어요.

"아빠가 엄마의 저 웃는 모습에 반해서 결혼했잖아."

"오! 그럼 엄마는?"

"엄마는 '나는 자연인이어라' 방송에 나온 아빠 모습 보고, 바로 저 사람이다! 했지."

"엥? 정말? 왜? 뭣 땜에?"

지롱이는 귀를 의심했어요. 그래서 귀를 마구 후비며 엄마에게 재차 되물었어요.

"왜긴! 남들이 부러워하는 회사까지 박차고 나와서 자기가 뜻한 바를 도전하는 모습이 그렇게 멋질 수가 없더라."

"아빠가 뜻한 바가 뭐였는데?"

"진정한 자연인으로 돌아가 우리 생활을 지배하고 있는 화학 물질 없이 살아 보기!"

"화학……물질……?"

지롱이의 고개가 갸우뚱 15도쯤 기울어졌어요. 아빠의 말이 도통 이해가 안 되었거든요.

"엄마 아빠도 다 알다시피 내가 공부와 별로 안 친하잖아."

"암, 알다마다."

엄마 아빠는 너무 잘 안다며 동시에 합창을 했어요.

"그중에서도 특히 '학' 자 들어가는 과목은 더더욱 안 친하단 말이야. 수학! 과학! 화학! 그러니 내가 화학 물질을 모르는 건 너무나 당연하지. 대체 화학은 뭐고, 물질은 또 뭐람? 단어만 들어도 벌써 머리가 지끈거리네."

지롱이는 두 손으로 제 머리를 감싸 쥐는 시늉을 했어요.

그때 아빠 머릿속에 번뜩 멋진 생각이 떠올랐어요. 간만에 한가한 시간을 보내는 행중 씨와 화학 물질을 어렵게만 생각하는 지롱이를 위한 멋진 아이디어!

"여보, 오늘 시간도 많은데 간만에 내가 머리 염색해 줄까?"

"머리 염색을? 갑자기?"

엄마가 발딱 일어나 앉으며 아빠에게 머리를 쑥 내밀었어요.

화학 물질이란?

화학은 한자로 무엇이 될, 달라질 화(化)에 배울 학(學)이 합해진 한자어로, 말 그대로 풀이하면 무엇이 변하고 달라지는 것을 배우는 학문이자 변하고 달라지는 그 무엇이라는 말이에요.

그리고 물질이란 플라스틱, 유리, 쇠, 고무, 물 등 물체의 재료를 말해요. 저마다 각각 다른 특성을 갖고 있는 물질들은 고체, 액체, 기체의 상태로 존재하고 있어요.

이 물질을 계속 쪼개다 보면 더 이상 분해할 수 없는 그 물질의 기본 성분이 남게 되는데 그걸 바로 '원소'라고 해요. 원소의 종류는 118가지밖에 안 되지만, 원소끼리 만나서 반응을 일으키면 처음과는 완전히 다른 모습, 다른 특성을 지닌 수천 수만 가지의 화합물이 만들어져요.

이렇게 원소나 화합물에 화학 반응을 일으켜서 만들어지는 물질을 바로 '화학 물질'이라고 한답니다.

	1	2	3	4	5	6	7	8	9	10	11	12	13	14	15	16	17	18
1	1 H 수소																	2 He 헬륨
2	3 Li 리튬	4 Be 베릴륨											5 B 붕소	6 C 탄소	7 N 질소	8 O 산소	9 F 플루오린	10 Ne 네온
3	11 Na 나트륨	12 Mg 마그네슘											13 Al 알루미늄	14 Si 규소	15 P 인	16 S 황	17 Cl 염소	18 Ar 아르곤
4	19 K 칼륨	20 Ca 칼슘	21 Sc 스칸듐	22 Ti 타이타늄	23 V 바나듐	24 Cr 크로뮴	25 Mn 망가니즈	26 Fe 철	27 Co 코발트	28 Ni 니켈	29 Cu 구리	30 Zn 아연	31 Ga 갈륨	32 Ge 게르마늄	33 As 비소	34 Se 셀레늄	35 Br 브롬	36 Kr 크립톤

■ 금속   ■ 비금속   ○ 지구를 구성하는 주요 원소

```
 1  — 원자 번호
 H  — 원자 기호
수소 — 원자 이름
```

검은색 – 상온에서 고체
빨간색 – 상온에서 액체
파란색 – 상온에서 기체

▶ 주기율표는 원소를 구분하기 쉽게 성질에 따라 번호순으로 배열한 표로 모두 118번까지 있지만 여기서는 36번까지만 알아보아요.

"그새 흰머리가 더 늘었어?"

"그게 아니라 비행 스케줄 바빠서 미용실 한번 제대로 못 가는 비행 중 여사님을 위해 머리 염색 서비스도 해 드릴 겸, 오늘 화학 물질에 대해 아주 조금 알게 된 지롱이를 위해 재밌고 신나는 화학 물질을 접하게 해 줄 겸. 겸사겸사해서."

"염색이랑 화학 물질이 무슨 관계가 있는데?"

지롱이는 귀가 솔깃했어요.

"머리카락에 염색을 하거나 파마를 할 때 사용하는 액체도 역시 화학 물질이야. 이 화학 물질을 이용해서 머리카락에 화학 반응을 일으켜 머리카락 색깔을 변하게 하거나, 구불구불하게 원하는 모양으로 바꾸는 거지."

"우와! 화학 물질은 알면 알수록 흥미진진해지는걸. 대체 세상엔 얼마나 많은 화학 물질이 있는 걸까?"

"넓은 의미에서 보면, 아마 이 세상은 모두 화학 물질로 이루어져 있다고 볼 수 있을 거야."

"엥? 이 세상 모두가 화학 물질?"

지롱이 입이 'O' 모양으로 벌어지면서 눈이 휘둥그레졌어요.

"화학 물질은 공기, 물, 소금, 철, 원유, 생물의 독처럼 자연적으로 만들어진 천연 화학 물질과 세제, 살충제, 플라스틱, 합성 섬유 등 사람이 인공적으로 만들어 낸 인공 화학 물질을 모두 합한 거니까."

"하지만 보통 우리가 흔히 말하는 화학 물질은 사람이 인공적으로 만들어 낸 걸 뜻해."

아빠의 설명에 엄마가 조금 더 설명을 보탰어요.

머리카락은 실험 대상이 아니야!

이제 드디어 엄마 머리를 염색할 시간! 지롱이는 마음이 들떴어요. 왠지 흥미진진한 일이 펼쳐질 것만 같았거든요.

반면 엄마는 영 내키지 않는 표정이었어요.

"왠지 모를 이 불길한 예감은 뭘까?"

눈치 백 단 아빠가 그런 엄마의 마음을 읽었는지 자신만만한 목소리로 말했어요.

"여보, 걱정 마! 라떼는 말이야, 내가 집에서 다 염색하고 그랬어. 그것도 빨주노초파남보 매번 색깔 바꿔 가면서."

"으이구, 알았어."

엄마는 큰맘 먹고 아빠를 한번 믿어 보기로 했어요. 예쁘게 염색하면 기분 전환도 되고 좋을 것 같았거든요.

화학 물질의 종류

'화학 물질'이라고 하면 우리는 흔히 인공적으로 만들어 낸 물질이라고만 생각하기 쉬워요. 하지만 그렇진 않아요. 넓은 의미에서 이 세상은 모두 화학 물질로 이루어져 있어서 여러분의 손이 닿는 거의 모든 것이 화학 물질이라고 생각하면 쉽게 이해가 될 거예요. 화학 물질이란 화학의 대상이 되는 모든 물질을 말해요. 그것은 자연 속에서 존재하기도 하고, 인공적으로 합성되어 새롭게 만들어지기도 하지요.
화학 물질은 크게 자연에서 얻는 화학 물질과 인공적으로 만든 화학 물질로 나눌 수 있어요.

인공적으로 만든 화학 물질

일반적으로 우리가 흔히 말하는 화학 물질로 석탄, 석유, 광물 등에서 추출, 정제해 얻거나 인위적으로 화학 반응을 일으켜 만들어요. 세제, 샴푸, 살충제, 나일론, 플라스틱 등이 있지요.

우리의 나주부 씨, 가족들 앞에서 간만에 실력 발휘할 생각에 콧노래까지 부르며 미리 사 둔 염색약과 각종 도구들을 챙겨 나왔어요.

"좋았어! 그렇다면 오늘 아빠의 일일 보조는 나지롱!"

이렇게 호기심 뿜뿜 자극하는 화학 물질 실험을 그저 지켜보고만 있을 지롱이가 아니에요.

염색용 비닐 장갑까지 나눠 낀 아빠와 지롱이. 마치 인류 역사에 길이 남을 화학 실험을 시작하는 과학자들이라도 되는 것처럼 표정이 진지하고 경건했어요.

드디어 엄마의 머리카락 염색이 시작되었어요.

"염색이 잘되게 하려면, 생선 비늘처럼 큐티클이라고 부르는 머리카락 겉면에 염색약이 쏙쏙 잘 들어가게 하는 게 중요해. 먼저 암모니아라는 화학 물질 침투! 그럼 큐티클 사이사이가 벌어져. 그다음엔 과산화 수소라는 화학 물질 침투! 그럼 머리카락 속 멜라닌 색소가 파괴되지. 바로 그때 색깔 염료를 쭉쭉 발라 주면 염색 끝!"

"우아! 우리 아빠 진짜 염색 전문가 같다!"

"음하하하. 라떼는 말이야, 이 정도 염색은 눈 감고도 했어."

자신만만 아빠의 지시에 따라 일일 보조 지롱이의 손놀림도 빨라졌어요. 염색약까지 다 바른 머리에 비닐 모자를 씌웠어요.

"자! 염색약 바르기 끝!"

이제 염색약이 잘 스며들도록 기다리기만 하면 되었어요.

"여보, 원래 염색약은 냄새가 좀 지독한데, 이 약은 냄새도 별로 안 나고 좋은 것 같아."

엄마도 생각했던 것보다 괜찮은지 표정이 한결 밝아졌어요.

"물론이지! 이 염색약으로 말할 것 같으면 유기농 성분이 엄청나게 들어간 친환경 염색약으로, 홈쇼핑에서 단 3분 만에 매진된 히트 상품이라고."

"에이, 아무리 좋은 화학 물질이라 해도 무조건 믿으면 안 돼! 화학 물질은 대부분 인공적으로 합성해서 만들어진 물질이라, 우리의 건강을 위협하거나 환경을 오염시키는 경우가 많다고."

"맞아! 그런 나쁜 화학 물질을 '유해 화학 물질'이라고 하지."

"그럼 이 염색약도 나쁜 화학 물질이 들어 있는 거야?"

지롱이가 엄마 이마에 살짝 묻은 염색약을 열심히 지우며 물었어요.

"걱정 마! 이 염색약만큼은 어떤 화학 성분이 들어 있는지 꼼꼼히 확인했으니 안심해도 돼. 엄마의 머릿결은 소중하니까!"

"하지만 요즘 유해 화학 물질 때문에 생기는 피해들이 워낙 많아지니까 나도 모르게 화학 물질에 대한 막연한 공포심이 생기더라. 천연이 무조건 좋은 게 아닐까?"

엄마의 말에 아빠가 대답했어요.

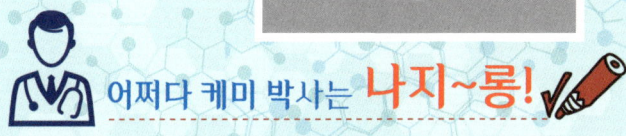

케모포비아와 노케미족

편리함의 대명사였던 화학 물질을 어느 순간부터 우리의 건강을 위협하는 공포의 대상으로 여기는 경향이 늘고 있어요. 이런 화학 물질에 대한 걱정 또는 공포감, 혐오를 '케모포비아(Chemophobia)'라고 해요. 이 말은 '화학'을 의미하는 '케미컬(Chemical)'과 '공포증', '혐오'를 나타내는 '포비아(Phobia)'가 합쳐진 단어예요.

우리의 건강을 위협하는 유해 화학 물질들이 다양한 화학 제품들 속에 꼭꼭 숨어 있어서 그 공포가 더욱 심해지자, 이런 화학 물질을 거부하자는 움직임과 함께 등장한 것이 '노케미족'이에요.

'노케미족'이란 '노 케미컬(No Chemical, 화학 물질 안 쓰기)을 주장하는 사람들'을 일컫는 신조어예요. 노케미족은 화학 제품 대신 친환경 제품을 쓰려고 노력한답니다. 베이킹 소다와 구연산 등을 활용해 살균제와 탈취제, 세제 등을 직접 만들어 쓰기도 하지요.

화학 물질 위해성 국민 의식 조사

2018년 1월 29일부터 2주간 전국 거주 만 19세 이상 65세 미만 성인 남·녀 1541명 대상 조사

3요소 모두 '그렇다' 응답 15.4%

극도의 두려움
화학 물질과 화학 물질로 인한 위험이 너무 두려워 그것을 떠올리기조차 싫다

| 그렇다 40.7% | 보통이다 38.1 | 21.2 |

그렇지 않다

기피 행동
화학 물질이나 화학 제품과의 접촉을 최대한 피하려고 노력한다

| 54.3% | 31.5 | 14.2 |

신체 증상
생활용품이나 음식에 화학 물질이 들어 있다는 사실을 알고 난 후, 식은땀이 나거나 호흡이 가빠지는 등 신체 증상을 경험한 적이 있다

| 24.8% | 22.0 | 53.2 |

자료/유명순 서울대 보건 대학원 교수 연구팀

자료: 연합뉴스

"화학 물질에 대한 그런 막연한 두려움이나 공포심을 '케모포비아'라고 해. 요즘 케모포비아를 느끼는 사람들이 점점 늘고 있어. 그만큼 우리 생활 속에서 수많은 유해 화학 물질이 숨어 있다는 뜻이기도 하지."

"맞아! 나도 텔레비전이나 인터넷에서 가습기 살균제, 살충제 달걀에 관한 기사를 본 적 있었어. 그때부터 화학 물질은 그냥 무조건 안 좋고, 무서운 거구나 생각했어."

"그래도 무작정 화학 물질을 무섭고 두려운 것으로만 생각할 필요는 없어. 화학 물질은 우리가 잘못 사용하면 위험한 것이지만, 우리가 안전하게 잘 사용하면 훨씬 편리하고 건강한 삶을 살 수 있으니까!"

지롱이는 오늘따라 아빠가 더욱 믿음직스러워 보였어요.

어쩌다 화학 물질에 대한 열띤 토론을 하다 보니 모두들 시간 가는 줄도 몰랐어요.

"아이쿠! 내 정신 좀 봐! 또 깜빡했네."

시계를 본 아빠는 화들짝 놀라 엄마를 잽싸게 욕실로 데려가서 엄마의 머리카락을 박박 감겨 주었어요.

"꺄악! 내 머리가…… 내 머리가."

욕실 천장이 우주 밖으로 날아갈 듯 엄마의 비명이 울려 퍼졌어요.

욕실에서 나오는 엄마의 머리를 본 지롱이는 하마터면 엄마보다 더 크게 소리칠 뻔했어요.

'망했다.'

엄마의 머리카락이 옆집 얼룩 고양이처럼 군데군데 얼룩덜룩했고, 한쪽 머리카락은 끝이 아예 부슬부슬 갈라져 있는 게 아니겠어요.

한마디로 엄마의 머리카락 염색은 대실패!

오늘은 웬일로 집 안에 천둥 번개가 안 친다 했는데, 아니나 다를까? 태풍급 천둥 번개가 휘몰아쳤어요.

"내 머리카락이 화학 물질 실험 대상이야?"

"그러니까 그게 라떼는 말이야, 염색은 눈 감고도……."

"나 내일 출근인데, 이 꼴로 어떻게 출근을 하냐고!"

"라, 라떼는 말이야…… 염색이 망했을 땐 뿌리는 염색 스프레이로

　까맣게 칠을 하면 감쪽같던데……."

　"뭐라고? 깜장 스프레이까지 뿌리고 출근하라고?"

　이럴 때 아빠가 쓰는 마지막 방법이 있었어요. 바로 무릎 꿇고 무조건 싹싹 빌기!

　"내가 다 잘못했어! 여보, 날 용서해 줘, 제발."

하지만 엄마의 붉으락푸르락하는 얼굴로 봐선 쉽사리 그 화가 풀릴 것 같지 않았어요.

지롱이는 오늘 염색 실험, 아니 사건을 통해 큰 깨달음을 얻었어요.

엄마에게 화났을 때와 안 났을 때의 두 얼굴이 있는 것처럼 화학 물질도 정반대의 두 얼굴이 있다는 사실을 확실하게 깨달았지요. 화학 물질은 잘 쓰면 너무 편리하고 좋은 것이지만, 잘못 쓰면 눈물이 날 정도로 엄청 무시무시하고 두려운 물질이라는 걸요.

토론왕 되기!

화학자 프리츠 하버, 인류를 살린 구원자? 인류를 죽인 살인자?

과학의 발달로 화학도 하루가 다르게 발전했어요. 화학의 발전은 인류의 삶에 많은 변화를 가져왔어요. 화학은 우리에게 편리함과 풍요로움을 선물했지만 정반대로 우리로부터 건강과 생명을 빼앗아 가기도 했어요. 이렇게 두 얼굴을 가진 화학은 우리 인간들에게 어떤 영향을 끼쳤을까요?

프리츠 하버(1868~1934)

1900년대, 세계 인구가 폭발적으로 늘어나자, 당시 가장 큰 고민은 인류의 식량 문제였어요. 인구 증가 속도에 비해 식량 생산 증대 속도가 너무 느렸거든요.

농작물을 잘 자라게 하려면 흙 속에 '질소'라는 성분이 꼭 필요한데, 그 양이 매우 한정적이었어요. 또 식량을 늘리기 위해선 더 많은 농작물을 재배해야 하는데, 그러려면 질소를 인공적으로 더 만들어서 흙에 뿌려 주어야만 가능한 일이었지요.

당시 독일의 화학자 프리츠 하버는 굶주림으로 고통 받는 전 세계인들을 위해 어떻게 하면 질소를 만들 수 있을까 연구를 시작했지요. 실패를 거듭한 끝에 1918년 공기 중에 있는 질소를 이용해 농사에 꼭 필요한 암모니아를 대량 생산하는 방법을 찾는 데 성공했어요. 후대 사람들이 하버의 방법을 사용해 합성 암모니아를 화학 비료의 원료로 사용할 수 있게 되었고, 그 덕분에 농작물을 생산하는 속도가 매우 빨라져 식량 위기를 극복할 수 있었어요. 그리하여 사람들은 하버를 '인류를 구한 천재 과학자'라고 칭송했지요.
하지만 하버가 만든 암모니아는 곧 비극의 씨앗이 되었어요.
제1차 세계 대전이 일어나자 화학자 하버는 전쟁을 지원하는 화학 부서의 책임을 맡아 무기 개발 연구를 시작했어요. 하버가 개발한 암모니아 합성법이 각종 폭발물의 주원료로 사용되어 전쟁에 쓰일 화약, 폭약 등 전쟁 무기를 만드는 데 이용되었어요. 그는 한발 더 나아가 전쟁 무기로 살상용 독가스까지 개발해 냈어요. 그 후로 사람들은 그를 '독가스의 아버지', '화학 무기의 아버지'라고 불렀다고 해요. 결국 프리츠 하버는 최고의 명예와 최악의 오명을 갖게 된 비운의 화학자가 되었답니다.

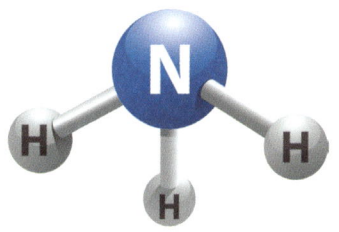

암모니아 분자 모형

하버가 발견한 암모니아라는 화학 물질은 식량난을 해결해 수많은 인류를 구원함과 동시에 전쟁 무기와 독가스 개발에 사용되어 수많은 인류를 죽음으로 몰고 갔어요.

이처럼 우리에게 이로움을 주기 위해 만들어진 화학 물질이 정반대의 목적으로 우리에게 해로움을 주는 데 사용된다면 화학 연구를 멈춰야 할까요? 만약 여러분이라면 어떤 결정을 했을까요?

자연 화학 물질과 인공 화학 물질을 찾아라!

화학 물질은 크게 자연에서 얻어지는 화학 물질과 인공적으로 만든 화학 물질로 나뉘어요. 다음 중 자연에서 얻어지는 화학 물질은 어느 것일까요?

1. 각종 플라스틱 제품

2. 원유

3. 끈

4. 살충제

5. 치약

욕실 안 화학 물질

🐡 엄마, 비행중 여사의 깊은 뜻

내일은 지롱이네 가족이 마을 경로당 봉사 활동 가는 날!

3년 전 경로당 봉사 활동으로 이곳을 찾게 된 지롱이네 가족. 시간 날 때마다 틈틈이 오다 보니 지금은 봉사 활동이 아니라 진짜 할머니, 할아버지 댁에 놀러 오는 자식, 손주처럼 서로 애틋한 사이가 되었답니다.

늘 그렇듯 이번 봉사 활동도 출발 며칠 전부터 분주했어요. 경로당 할머니, 할아버지 들을 뵈러 갈 때면 하나라도 더 해 드리고 싶은 마음에 챙길 게 자꾸만 늘어났거든요. 이번엔 며칠 전부터 집 안이 온통 은은한 비누 향으로 가득했어요.

"하암, 아직 많이 남았어?"

지롱이는 입이 찢어질 듯 늘어지게 하품을 하면서도 손은 멈추지 않고 천연 비누 포장을 했어요.

"아니, 거의 다 했어. 음, 당신이 만든 천연 비누 향이 오늘따라 더 좋은데."

아빠의 칭찬에 엄마의 갈매기 눈썹이 끼룩끼룩 하늘로 날아갈 것만 같았어요.

"호호호! 할머니, 할아버지 들 드릴 거라 내가 모처럼 실력 발휘 좀 했지!"

평소 피부 관리에 관심이 많은 행중 씨가 할머니, 할아버지 들 피부에 딱 좋은 천연 비누를 만들어 드리자고 제안해서 온 가족이 며칠을 꼬박 비누 만들기에 매달렸지요.

"근데 엄마 마음은 너무 알겠는데 말이야, 비누를 꼭 이렇게 힘들게 직접 만들어야 해? 슈퍼에서 사면 편한데."

지롱이도 좋은 마음으로 일손을 돕고는 있지만, 어디서나 쉽게 살 수 있는 비누를 굳이 만들어야 하는지 이해가 잘 되지 않았어요.

"오호, 역시 예리한 질문은 나지롱이지!"

엄마는 지롱이의 궁금증을 풀어 주기 위해 자분자분 설명을 시작했어요.

"비누는 보통 때가 타거나 더러운 것이 묻었을 때 깨끗하게 없애 주

 어쩌다 케미 박사는 나지~롱!

때를 빼지만 건강도 뺏는 계면 활성제

비누, 샴푸, 치약, 각종 청소 세제 등은 한 가지 공통적인 성질을 갖고 있어요. 모두 때가 타거나 더러운 부분을 깨끗하게 지워 주는 성질을 갖고 있는 화학 제품이라는 점이지요. 때는 대부분 기름기를 갖고 있어요. 여러분도 잘 알다시피 기름은 물과 잘 섞이지 않기 때문에 기름기 있는 때를 물로만 빨면 잘 지워지지 않아요. '계면 활성제'는 물과 기름을 잘 섞이게 해서 때를 쏙 빼 주는 화학 물질이에요.

계면 활성제의 구조는 크게 두 부분으로 나뉘어요. 앞머리 쪽은 물과 친한 친수성을, 뒤꼬리 쪽은 기름과 친한 친유성을 갖고 있지요.

때나 오염 물질은 기름기를 갖고 있는데, 계면 활성제의 다른 두 성질이 힘을 합쳐 물과 기름을 잘 섞이게 만들어서 때를 쏙쏙 빼 준답니다.

계면 활성제는 세정력이 강한 만큼 피부에 침투도 잘 되기 때문에 우리 몸에 쌓여 여러 가지 부작용을 일으켜요. 그러니까 욕실 용품이나 세제는 필요한 곳에 적당량만 사용하고, 계면 활성제가 남아 있지 않도록 깨끗하게 헹구어야 해요!

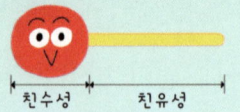

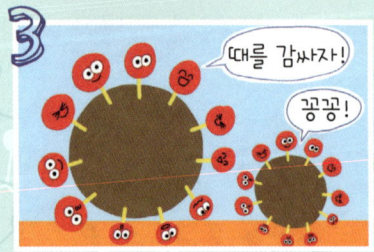

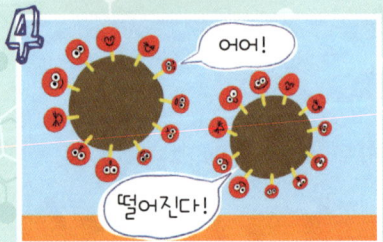

지? 그건 '계면 활성제'라는 화학 물질이 들어 있기 때문이야."

"계면 활성제?"

"응. 이 계면 활성제는 때를 쏙쏙 잘 빼 주는 세정력이 좋은 화학 물질이라서 비누뿐 아니라 샴푸, 치약, 세제, 화장품 등 다양한 생활용품에 사용되고 있어."

"계면 활성제는 생활에 엄청 유익한 화학 물질이구나!"

"그 말은 맞기도 하고 틀리기도 해."

"그건 또 무슨 알쏭달쏭한 말이야?"

"계면 활성제가 유익한 화학 물질이기도 하지만, 한편으론 유해한 화학 물질이기도 해. 환경 오염을 일으키는 대표적인 물질인 데다 오래 사용하면 피부가 거칠어지는 등 우리 피부에 나쁜 영향을 주거든."

엄마, 아빠의 설명을 듣고는 지롱이가 뭔가 큰 깨달음을 얻은 듯 고개를 끄덕였어요.

"암튼 이번엔 엄마표 비누 덕분에 할머니, 할아버지 들이 엄청 좋아하실 거야."

"크크. 특히 배우 할머니는 더!"

"맞아. 지난번 봉사 때 보니까 배우 할머니 피부가 많이 건조하고 까칠해지셨더라고."

배우 할머니는 지롱이가 경로당에서 제일 좋아하는 할머니예요. 왕

년에 드라마, 영화에서 단역 배우로 활동을 많이 하셔서 지롱이가 '배우 할머니'라고 불러요. 지롱이는 자기랑 가장 잘 통하는 배우 할머니가 얼마나 좋아하실까 상상하니 벌써부터 기분이 좋아졌어요.

 원래 슈퍼스타는 맨 마지막에 등장하는 법

마을 자그마한 행복 경로당이 아침부터 시끌벅적 들썩거렸어요. 지롱이네 가족이 방문했기 때문이에요. 오늘은 지롱이 친구 구광이까지 함께 와서 할머니, 할아버지 들은 귀여운 손주 하나가 더 생겼다며 크게 반겨 주었어요.

"안녕하세요!"

"아이고, 어서들 와. 얼마나 보고 싶었다고."

"그간 건강히 잘들 지내셨어요?"

"그럼 그럼, 배우 할멈만 빼고……."

"배우 할머니가 왜요?"

지롱이네 가족은 깜짝 놀라 물었어요. 그렇지 않아도 경로당에 들어오자마자 지롱이는 배우 할머니를 찾아 계속 두리번거리던 참이었거든요.

"아, 지롱이 네가 친하다는 그 배우 할머니?"

구광이도 평소 지롱이한테 하도 자주 들어서 배우 할머니를 알고 있었어요.

경로당 단짝 할머니 말에 의하면 평소에 피부가 거칠어지면 절대 안 된다며 세제는 만지지도 않던 배우 할머니가, 귀한 손님들이 오니까 미리 욕실 청소라도 해야겠다며 나섰다가 갑자기 머리가 어지럽다고 하는 바람에 급하게 병원까지 갔다 왔다는 거예요. 배우 할머니가 말한 귀한 손님은 다름 아닌 지롱이네 가족이었지요.

"네? 병원까지요?"

"그렇다니까. 다행히 가벼운 증상이어서 지금은 집에서 며칠째 쉬고 있어."

"욕실 청소를 하다가 왜 머리가 어지러우셨을까요?"

구광이가 의아한 듯 물었어요.

"배우 할멈이 워낙 욕실 청소 같은 걸 해 본 적이 없어서 청소 세제를 이것저것 막 쓰다가 그리 되었지 뭐냐."

"어머나, 큰일 날 뻔하셨네요. 세제는 잘못 사용하면 아주 위험하거든요."

엄마는 너무 놀라 손으로 무릎까지 치며 말했어요.

"맞아요. 깨끗하게 청소한다고 세제를 필요 이상으로 많이 사용하면 어지럼증, 두통에 호흡 곤란이 오기도 하거든요. 욕실처럼 작거나 창문이 없는 공간에서 사용할 땐 더더욱 주의해야 해요."

아빠도 심각한 표정으로 설명을 덧붙였어요.

다들 배우 할머니를 걱정했어요. 지롱이는 오늘 구광이와 함께 노래 교실 담당이었는데, 배우 할머니 없이 노래 교실을 해야 한다고 생각하니 썩 흥이 나질 않았어요.

그때였어요.

"지롱아! 우리 강아지!"

이 목소리의 주인공은?

맞아요. 기다리고 기다리던 배우 할머니였어요.

할머니는 그사이 조금 여윈 모습이었지만 여전히 배우처럼 멋진 모습으로 나타났어요. 마치 슈퍼스타가 맨 마지막 무대에 짜잔, 하고 나타나는 것처럼요.

"배우 할머니!"

지롱이가 가장 먼저 뛰어가 할머니에게 폭 안겼어요. 이산가족 상봉이 따로 없었어요.

"몸은 좀 괜찮으세요?"

엄마와 아빠도 할머니의 안부를 물었어요.

"암, 괜찮고말고."

갑자기 중독 증상이 발생하면 어떻게 해야 할까?

일상생활에서 화학 물질로 만든 제품을 사용하다가 혹시 마시거나 피부에 닿으면 갑작스런 중독 증상이 발생할 수 있어요. 특히 어린이들의 경우 단순한 호기심이나 부주의한 실수로 위급한 중독 사고가 빈번하게 일어나고 있어요. 그런 중독 증상이 발생하면 어떻게 해야 할까요?

화학 제품을 마셨을 때

1. 입안에 남아 있는 물질은 즉시 뱉어 내요.
2. 억지로 토하게 하지 말아요. 오히려 더 위험해질 수 있거든요.
3. 의식이 있다면 물이나 우유를 마셔요.
4. 중독을 일으킨 해당 화학 제품을 병원에 꼭 가지고 가요.

화학 제품이 눈이나 피부에 닿았을 때

1. 눈에 들어갔다면 흐르는 물에 충분히 씻어 내고 절대 문지르지 말아요.
2. 피부에 닿았다면 물과 비누로 살살 씻어 내요.
3. 오염된 옷과 신발 등은 바로 벗어요.
4. 어떤 염증이나 통증이 생겼는지 확인하고 병원에 가요.

어린이 생활 화학 제품 중독 사고 현황
(2015~2017년)

5세 미만 어린이가 대부분 차지
3년간 14세 이하 어린이에게
200건 발생

5세 미만
179건
(89.5%)

자료: 소비자 위해 감시 시스템(CISS)

"정말 다행이에요. 얼마나 걱정했다고요."

"오호라, 네가 지롱이 단짝 구광이구나. 연구를 엄청 좋아한다는 연구광!"

"네, 맞아요. 하하."

배우 할머니도 지롱이에게 구광이 이야기를 하도 많이 들어서 단박에 구광이를 알아봤어요.

"어유, 어쩜 좋아. 하필 내 피부가 제일 엉망일 때 구광이를 만나다니. 왕년엔 말이다, 이 할미가 피부 미인으로 통했거든."

"지금도 진짜 예쁘세요."

"할머니, 구광이 말이 맞아요. 근데 지금보다 더 피부 미인 되시라고 저희가 피부에 좋은 천연 비누를 만들어 왔어요."

지롱이가 신나서 말했어요.

"피부에 좋은 천연 비누라고?"

피부에 좋다는 말에 배우 할머니 눈이 두 배는 더 커지고, 세 배는 더 반짝거렸어요. 다른 할머니, 할아버지 들도 마찬가지였지요. 그야말로 지롱이네 천연 비누는 인기 폭발이었어요.

지롱이네 가족이 경로당으로 봉사 활동을 왔다 하면 종이접기 교실, 요리 교실, 안마 교실 모두 어르신들 사이에서 인기가 좋았지만, 그중에서 단연 인기 만점은 누가 뭐래도 흥 넘치는 노래 교실이에요.

오늘은 특별히 지롱이와 구광이가 듀엣으로 맹연습한 민요 메들리 공연이 펼쳐졌어요. 보조 출연으로 아빠는 고수가 되어 북을 치고, 엄마는 장구를 치며 추임새를 넣었어요.

"아리아리랑!"

"스리스리랑!"

"얼쑤절쑤 지화자 좋다!"

지롱이와 구광이가 노래를 부르자, 할머니 할아버지 들은 어느새 자리에서 일어나 덩실덩실 춤을 추며 구성지게 민요를 따라 불렀어요.

어찌된 일인지 오늘 노래 교실은 시간이 갈수록 그 열기가 더 후끈 달아올랐어요. 남들은 금강산도 식후경이라는데 할머니, 할아버지 들은 점심 식사도 잊은 채 한바탕 신바람 나는 시간을 즐겼어요. 그 모습을 보는 지롱이네 가족과 구광이는 더, 더 신바람이 나서 목이 쉬어라 민요를 불러 댔답니다.

생활 속 화학 제품 안전하게 쓰는 방법

2015년부터 '화학 물질의 등록 및 평가 등에 관한 법률(화학 물질 등록 평가법)'이 법으로 시행되고 있다는 걸 알고 있나요? 이 법에 따라 화학 물질은 시장에 나오기 전에 국가로부터 안전한지 평가를 받아야 해요.

또한 이 법에 따라 화학 물질을 제조, 수입하고자 하는 기업은 물질의 안전성 정보(물질 정보, 용도와 물리적 및 화학적 특성, 유해성 등)에 대한 자료를 정부에 제출해야 합니다. 그리고 정부는 이 자료를 바탕으로 물질의 유해성을 심사 및 평가하지요.

또한 정부는 국민 건강에 위해 가능성이 있는 제품을 위해 우려 제품으로 지정, 안정성 조사를 하기도 해요. 2015년 법이 시행되면서부터는 331개 제품에 대하여 일제 조사를 실시했어요. 또 소비자 단체 회원을 시장 감시원으로 위촉하여 온·오프라인에서 유통중인 제품의 표시기준 적합 여부를 상시 조사해 오고 있답니다.

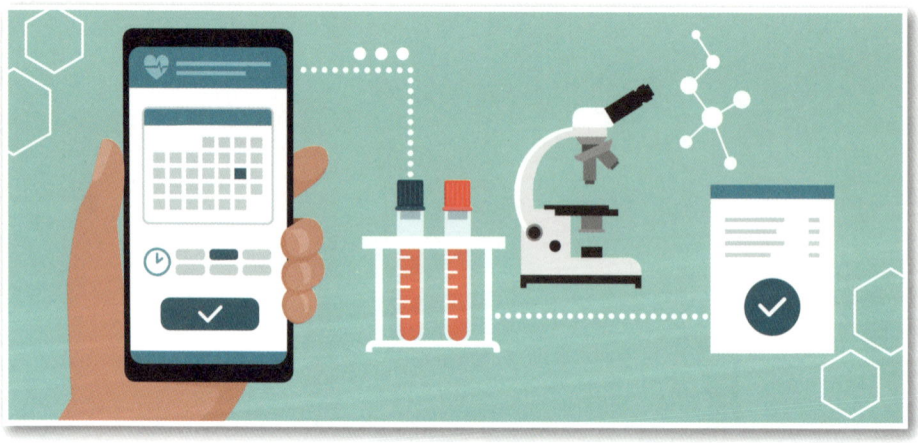

현재 정부에서는 국민의 건강이나 환경에 위해성이 있다고 우려되는 제품을 지정해서 관리하고 있는데요, 이러한 위해 우려 제품에 대해서는 더 엄격한 함량 기준을 정해서 소비자들이 안전하게 사용할 수 있도록 하고 있어요. 정부가 화학 물질의 안전한 사용을 위해 관리하고 있는 품목은 총 15가지로 세정제, 합성 세제, 표백제, 섬유 유연제, 코팅제, 접착제, 방향제, 탈취제, 방청제, 김 서림 방지제, 물체 탈염색제, 문신용 염료, 소독제, 방충제, 방부제 등이랍니다.

그렇다면 소비자로서는 어떤 방식으로 화학 제품의 위험성에서 벗어날 수 있을까요?

친환경 마크 확인하기

화학 물질 제품을 살 때는 같은 용도의 제품들 중에서 친환경 마크가 표시된 제품을 고르는 게 좋아요. 친환경 마크가 붙어 있다는 건 다른 제품에 비해 환경 오염도 덜 되고, 유해 화학 물질이 적게 들어 있다는 뜻이거든요.

더도 말고 덜도 말고 정량 사용

아무리 좋은 화학 제품도 정해진 양보다 많이 쓰거나 적게 쓰면 효과가 좋지 않아요. 특히 정량보다 많이 사용할 경우 환경 오염뿐 아니라 우리 인체에도 나쁜 영향을 주어 건강을 해칠 수 있어요.

안전하게 보관하기

화학 제품을 사용한 후엔 뚜껑이 잘 닫혔는지 다시 한 번 확인하고, 아이의 손이 닿지 않는 곳에 안전하게 보관해야 해요.

환기는 필수!

청소 세제나 스프레이식 화학 제품을 사용할 때는 공기 중에 유해 화학 물질 등이 떠다니지 않도록 사용 전후에 꼭 환기를 시켜 줘야 해요. 물론 평소에도 집 안은 자주 환기시키는 게 중요하답니다.

토론왕 되기!

우리는 어떻게 유해 화학 물질에 중독되는 걸까?

우리는 24시간 내내 화학 물질에 노출되어 있어요. 그러다 보니 나도 모르는 사이 유해 화학 물질에 중독되는 사고가 일어나지요. '중독'이란 우리 몸에 유해 화학 물질이 들어와 몸의 기능을 망가뜨리고, 심각한 문제를 일으키는 것을 말해요.

유해 화학 물질로 인해 발생하는 중독은 크게 '만성 중독'과 '급성 중독'으로 나뉘어요. 먼저 '급성 중독'은 부주의한 실수나 호기심으로 인해 유해 화학 물질에 갑자기 고농도로 노출되는 경우를 말해요. 피해 증상도 즉각적으로 발생해, 가벼운 어지럼증부터 심한 경우 사망에까지도 이를 수 있으니 주의해야 해요.

'만성 중독'은 적은 양의 유해 화학 물질에 오랜 시간 동안 지속적으로 노출되는 것으로, 피해 증상이 서서히 나타나거나 한참 뒤에야 발생하는 경우를 말해요.

만성 중독은 장기간에 걸쳐 피해가 나타나기 때문에 정확한 원인을 찾기 어렵고, 원인을 찾았다 하더라도 그 피해가 이미 해결할 수 없는 경우가 많아요.

전 세계적으로 유해 화학 물질 중독으로 인한 사건·사고가 끊이지 않는 가운데, 세상을 발칵 뒤집어 놓은 대표적인 유해 화학 물질 중독 사건들이 있어요.

가네미유 사건

1968년 3월부터 일본 가네미 지방에서 온몸에 여드름 형태의 피부병 환자가 많아지기 시작했어요. 점점 더 심해져서 간 질환, 신경 장애, 성장 지연 등에 시달렸고, 일부 임산부들은 까만 색소가 침착된 아기를 낳아 일본 열도가 발칵 뒤집혔지요. 역학 조사 결과 '가네미'라는 회사에서 제조, 판매한 식용유를 사용한 음식을 먹은 사람들에게 이 증상이 발생한다는 것이 밝혀졌어요. 식용유를 만들 때 가열 과정에서 폴리염화 바이페닐이라는 가열 파이프를 사용하는데, 그 과정에서 화학 물질이 부식되어 식용유 속으로 흘러 들어가면서 발생한 중독 사고였어요. 이 사건으로 일본은 폴리염화 바이페닐을 유해 화학 물질로 정해 사용을 금지했고, 우리나라도 1983년부터는 수입을 금지하고 사용하지 않고 있어요.

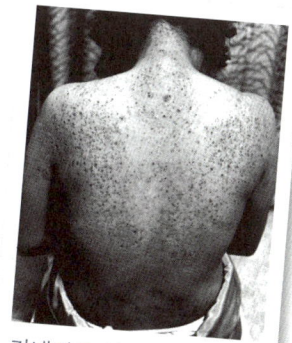

가네미유 사건으로 발생한 피부병

가습기 살균제 사건

2011년, 우리나라에서는 봄부터 전국적으로 원인 모를 폐 손상으로 목숨을 잃거나 폐 질환에 걸린 임산부와 영유아, 노인들이 급격히 늘어났어요. 질병관리청(당시 질병관리본부)이 본격적으로 역학 조사를 실시한 결과 가습기 살균제의 위해성이 인정되었고, 살균기 성분 중 PHMG(폴리헥사메틸렌구아니딘)와 PGH(염화에톡시에틸구아니딘)는 유해 화학 물질로 지정되었어요. 가습기 살균제는 물때와 세균 번식을 막기 위해 물에 타서 쓰는 제품이에요. 가습기 살균제를 사용한 사람은 사용하지 않는 사람에 비해 폐 질환에 걸릴 위험이 40배 이상 높다는 결과가 나왔어요. 조사 이후 가습기 살균제 판매는 금지되었지만, 현재까지도 정부가 확인한 피해자와 사망자는 계속 늘고 있답니다.

SOS!!!

어린이들의 급성 중독 사고 10건 중 약 8건은 가정에서 일어난다고 해요. 급성 중독 사고가 났을 땐 침착하게 응급조치를 취하고, 곧바로 119에 신고하거나 신속하게 병원으로 옮겨야 하는 건 알고 있지요? 그렇다면 화학 제품이 눈이나 피부에 닿았을 때 어떻게 해야 할까요? 다음 그림을 보고 잘못된 행동을 찾아보세요.

1. 눈에 닿았을 경우 흐르는 물로 깨끗하게 문질러 씻어요.

2. 피부에 닿았을 경우 흐르는 물이나 비눗물로 살살 씻어 내요.

3. 어떤 염증, 통증이 생겼는지 확인하고 병원에 가요.

4. 오염된 옷, 신발은 바로 벗어요.

우리 집은 온통 화학 물질 천국?!

호호호호. 우리 아이들에게 요리 연구가의 멋진 모습을 보여 줘야 할 텐데.

평소 친환경 물질만 쓰려고 애쓰는 빅마미 선생님이었지만, 아무리 화학 물질을 안 쓰려고 노력을 해도 집 안은 온통 화학 물질로 만든 제품들이 가득하네요. 한번 살펴볼까요?

파라벤 – 화장품, 의약품, 세정 용품
내분비계에 나쁜 영향을 주고, 암을 유발시켜요.

프탈레이트류 – 고무 매트, 장난감, 플라스틱 수납함
암을 일으키고, 생식기에 안 좋은 영향을 줘요.

알킬페놀 – 염색약, 샴푸, 린스, 각종 세제
내분비 장애 물질(환경 호르몬)로 생식과 발달을 방해해요.

트리클로산 – 치약, 비누, 세제, 세정 용품
내분비 교란 물질로 호르몬 분비를 방해하고, 면역력을 떨어뜨려요.

과불화 화합물 – 코팅 프라이팬, 코팅된 조리기구, 왁스
간, 갑상선에 질병을 일으키고, 암도 발생시켜요.

아크릴아마이드 – 음식을 튀기거나 구울 때 만들어지는 물질
신경 계통에 안 좋은 영향을 주고, 암을 일으킬 수 있어요.

톨루엔 – 카펫, 소파 커버
두통과 어지럼증, 복통과 구토의 원인이 돼요.

폴리브롬화 다이페닐 에테르 – 매트리스, 쿠션, 베개
오랜 시간 노출되면 갑상선에 나쁜 영향을 줘요.

3장
의약품 안 화학 물질

 연구광, 세계 최초 천연 무좀 약 연구 중!

모처럼 학원 수업이 없는 날, 구광이가 여느 때처럼 학교 끝나기가 무섭게 달려간 곳은 연구 놀이터!

문 앞에 '모두의 연구 놀이터'라는 손 글씨 간판이 걸려 있네요. 이곳은 연구에 관심 있는 아이들은 누구나 와서 연구하고 토론할 수 있도록 아파트에서 안 쓰는 창고를 개조해 만들어 준 동아리방이에요. 올해는 이름처럼 연구에 열광하는 구광이가 이 연구 놀이터 소장을 맡아서 더욱 열심히 연구를 하고 있지요.

"아직 아무도 안 왔네."

오늘도 구광이가 가장 먼저 도착했어요. 구광이는 책가방을 아무렇게나 휙 벗어 던지고는 곧바로 현미경 앞에 앉았어요. 요즘 한창 꽂혀서 몰두 중인 연구 주제가 있었거든요.

"어디 나의 베이비들이 얼마나 변했나 볼까?"

구광이는 여러 개의 샬레 속 배양 물질을 번갈아 가며 현미경으로 유심히 들여다보고 있었어요.

그때 누군가 문을 발칵 열어젖히며 뛰어 들어왔어요.

"안녕하십니까! 저는 '그것이 알고 싶군'의 나지~롱 기잡니다!"

무슨 기습 취재라도 나온 것처럼 세상 요란하게 등장하는 나지롱!

"푸하하하, 오늘은 그것이 알고 싶군 기자냐?"

늘 있는 일이지만 볼 때마다 웃겨서 구광이는 매번 웃음보를 터뜨렸어요. 지롱이는 시치미를 뚝 떼고 능청스럽게 마이크 대신 실내화를 잡아 들고는 인터뷰를 이어 갔어요.

"연구광 소장님, 지금 이곳에서 세계 최초의 신약을 개발하고 있다는데 사실입니까?"

"네. 그렇습니다."

"어떤 신약인지 저희 방송에 단독 공개해 주시죠!"

"네. 나지롱 기자님을 믿고 공개하겠습니다. 바로바로…… 천연 물질만을 이용한 무좀 약입니다!"

"뭐? 천연 물질 무좀 약?"

지롱이는 어이없다는 듯 눈을 한번 질끈 감았다 뜨더니, 들고 있던 실내화 마이크를 내려놓으며 말했어요.

"야, 연구광! 아무리 장난이라도 말이 되게 쳐야지."

"진짜야! 나 요즘 천연 물질을 이용한 무좀 약 연구 중이라고!"

"에이, 어떻게 천연 물질로 약을 만드냐?"

"무슨 소리! 의약품을 꼭 화학 물질로만 만드는 건 아냐. 물론 화학 물질로 만든 합성 의약품도 있지만, 그 외에도 천연 물질을 이용한 천연물 의약품과 생물체의 세포나 유전자를 이용한 바이오 의약품이 있어. 내가 다 조사했다고."

"그건 알겠는데, 그래도 원래 무좀은 독한 약을 발라도 잘 안 낫는다는데 겨우 천연 물질로 낫겠어?"

"모르시는 말씀! 인류의 역사를 거슬러 올라가면 기원전부터 천연 물질이 약으로 쓰여서 질병을 고치고 건강을 지켰다는 사실! 나지롱 기자님은 알랑가 모르겠네."

"뭐? 천연 물질로 병을 고쳐? 그것도 기원전부터?"

"그럼. 고대 이집트 의학서 『파피루스 에버스』에 버드나무 껍질 달인 물을 먹었더니 열이 내리고, 통증과 염증이 나았다는 기록이 있대."

"고작 버드나무 껍질로?"

"고작이라니! 서양 의학의 아버지라고 불리는 히포크라테스도 버드

어쩌다 케미 박사는 나지~롱!

최초의 합성 의약품, '아스피린'

인류 역사상 가장 오랫동안 사용되고 있는 약은 바로 '진통 해열제'예요. 무려 3500년 동안이나 우리가 아프거나 열날 때 이 진통 해열제를 먹었지요.

기원전 1550년에 만들어진 『파피루스 에버스』라는 책에 버드나무 껍질이 진통, 해열, 소염 효과가 있다고 기록되어 있어요. 버드나무 껍질이 인류 최초의 진통 해열제였지요. 1830년대에 와서야 버드나무 껍질에 들어 있는 '살리실산'이라는 물질이 약효를 낸다는 것이 밝혀졌어요. 하지만 살리실산은 먹으면 속 쓰림과 메스꺼움 등 부작용이 있었어요.

독일 화학자 펠릭스 호프만은 통증을 치료하기 위해 살리실산을 먹으며 고생하는 아버지의 모습을 보고 단점을 보완한 약을 만들기로 결심. 1897년, 호프만은 끊임없는 연구 끝에 천연 물질인 '살리실산'과 화학 물질인 '아세트산'을 반응시켜 부작용이 거의 없는 약 '아세틸살리실산'을 개발하는 데 성공했지요. 이 약이 바로 '아스피린'이랍니다.

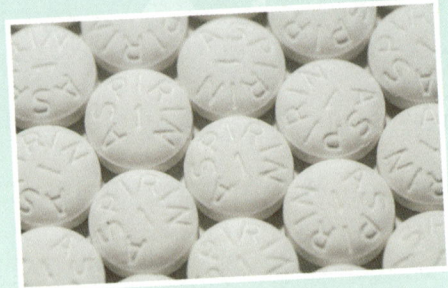

아세틸살리실산의 구조

아스피린에 얽힌 재미있는 일화가 있어요. 1949년, 아르투르 아이헨그륀이 사실은 자기가 '아세틸살리실산'을 발견했다고 주장한 거예요. 호프만은 자신의 지시를 따라서 합성을 진행했을 뿐이라고 했지요. 그는 이를 뒷받침하기 위해 자신의 연구 노트를 비롯해 다양한 자료를 증거로 제출했고, 지금은 아르투르 아이헨그륀과 호프만이 공동 발견자로 인정받고 있다고 해요.

나무 껍질을 이용해서 병을 치료했대."

"그래? 그럼 이제부터 어디 아프면 우리 집 앞에 있는 버드나무 껍질을 씹어 먹어야 하나?"

"크크크. 그래서 나도 이번에 각종 나무껍질들로 무즘 약을 개발해 보려는 거야."

"우와! 역시 넌 천재 연구광이야!"

지롱이가 양손으로 엄지를 치켜세우며 말했어요. 구광이도 지롱이의 호들갑이 싫지 않았어요. 갑자기 힘도 솟는 것 같았지요.

"그럼 지롱아, 우선 내가 주워 온 나뭇가지에서 껍질부터 채취해."

구광이가 팔을 뻗어 가리키는 곳을 보니 온갖 종류의 나뭇가지들이 지롱이 키 높이만큼 쌓여 있었어요.

"뭐? 저걸 다?"

하마터면 지롱이 턱이 빠질 뻔했어요.

"그럼, 원래 연구의 길은 멀고도 힘든 법!"

구광이는 다시 현미경을 들여다보며 관찰 일지를 작성하기 시작했어요. 지롱이 입이 댓 발은 나왔지만 하는 수 없었어요.

"후유, 그래. 연구를 성공시키려면 나무껍질부터 까야지. 암. 그렇고 말고. 난 조수니까."

지롱이는 땅이 꺼질 듯 긴 한숨을 내쉬고는 마지못해 나뭇가지 껍질

을 까기 시작했어요.

"아야야! 내 손, 내 손가락!"

갑자기 지롱이가 들고 있던 나뭇가지를 내팽개치며 손가락을 잡고 팔짝팔짝 뛰었어요. 너무 놀란 구광이가 재빨리 뛰어와 지롱이의 손가락을 살폈어요.

"지롱아, 왜 그래? 괜찮아? 어디 좀 봐!"

지롱이 손가락을 살펴보니, 작은 나뭇가지 가시 하나가 박혀 있었어요. 가시가 박힌 곳에서 새빨간 피 한 방울이 퐁 하고 올라왔어요.

"으악! 피! 피다! 내 손에서 피가……."

지롱이는 손가락을 부여잡고는 금방이라도 숨이 넘어갈 듯 엄살을 부렸어요.

"야, 나지롱! 이 정도 가시는 내가 쏙 빼 줄게. 이리 손 줘 봐."

구광이는 지롱이 손가락에 박힌 가시를 조심스럽게 빼 주었어요. 다행히 눈에 보일 정도로 제법 큰 가시였어요.

"아야야! 살살. 앗, 따가워. 조심 좀 해. 윽!"

"가시는 뺐는데 어떤 약을 발라야 할지 모르겠다. 집에 가서 너희 아빠한테 약 발라 달라고 해. 그래야 덧나지 않지."

"구광아, 다리에 힘이 다 빠져서 집까지 혼자 못 걸어가겠어. 아무래도 나 아까 피를 너무 많이 흘렸나 봐."

"아이고, 엄살은."

 약을 버리러 약국에 갔다고?

"아빠, 나 다쳤어! 아파!"

문 앞까지 구광이랑 낄낄거리며 오던 지롱이가 현관에 들어서자마자 엄살 연기를 펼치며 아빠를 불렀어요.

"아저씨, 안녕하세요! 저도 왔어요."

 어쩌다 케미 박사는 나지~롱!

약은 양이 중요해

약마다 사용하는 양이 정해져 있어요. 예를 들면 '어른은 1일 2정, 10세 이하는 1일 1정 복용' 이런 식으로 말이에요. 이렇게 사용하는 양이 정해져 있는 것은 그 정해진 양보다 적게 사용하면 약의 효과가 떨어지고, 그 이상을 사용하면 위험하기 때문이에요. 옛 그리스인들 사이에서는 '양(量)이 독을 만든다'라는 말이 있었대요. 아무리 좋은 약이라도 그 양이 많으면 독이 된다는 걸 의미해요.

약 설명서에는 하루에 먹을 수 있는 권장 용량과 먹으면 안 되는 경우 등 약 복용 방법과 사용 시 주의 사항이 자세히 적혀 있으니, 사용 전 설명서를 꼭 읽어야겠지요?

그리고 약 설명서나 제품에서 아래와 같은 그림 문자들을 볼 수 있을 거예요. 이것은 남녀노소 누구나 쉽고 정확하게 이해할 수 있도록 의약품의 안전 사항을 표시한 의약품용 그림 문자예요. 빨간색은 금기, 주황색은 주의를 의미하지요.

특정연령대 금기

소아, 노인 등 특정 연령대가 사용하지 말 것

노인 주의

지팡이를 짚은 노인을 형상화해 위험성이 있는 의약품을 사용 주의

투여기간 주의

임상적으로 안전하게 투여할 수 있는 최대 연속 투여 기간 안내

용량 주의

임상적으로 안전하게 투여할 수 있는 1일 최대 용량 안내

임부 금기

임부나 태아에 위험성이 높은 성분을 사용하지 말 것

자료: 이데일리

인기척이 없었어요. 집에 아무도 없는 거예요.

"어? 아빠 어디 갔지? 오늘은 꽃꽂이 수업도 없고, 자원봉사 가는 날도 아닌데……."

"장 보러 가셨나 보지, 뭐."

"윽, 그럼 내 손가락은 어떡해? 지금 가시 뺀 자리가 너무 아프단 말이야."

"역시 엄살 대마왕 나지롱이야."

"엄살 아냐! 욱신욱신! 찌릿찌릿!"

지롱이의 발갛게 살짝 부어오른 손가락을 보니 백 퍼센트 완전 엄살 같진 않았어요. 지롱이네 아빠가 오실 때까지 기다릴까도 생각했지만, 지롱이가 엄살 반, 진짜 반 계속 아프다고 하니 마냥 참으라고 할 수도 없었어요. 하는 수 없이 구광이가 나섰어요.

"안 되겠다! 지롱아, 나만 믿어! 내가 치료해 줄게."

"네가?"

"응. 너희 집 구급상자 어디 있니?"

"저기 약장 서랍 안에 있을걸?"

지롱이와 구광이는 약장 서랍을 열었어요. 생각보다 약 종류가 너무 많아서 살짝 당황했어요.

"헉! 무슨 약들이 이렇게 많지?"

지롱이도 자기 집 약장을 제대로 본 적이 없었거든요.

"그러게. 어떤 약을 발라야 할지 잘 모르겠어."

"에라, 모르겠다. 아무거나 대충 발라 줘. 약이니까 뭐든 몸에 좋겠지, 뭐."

"무슨 소리! 약은 잘 쓰면 약이지만, 잘못 쓰면 독이래."

"엥? 약은 약이지, 약이 어떻게 독이 되냐?"

"언젠가 책에서 본 적 있는데, 예부터 한방에서는 투구꽃이 심장약으로 쓰였대. 근데 일본의 아이누 족은 곰 사냥할 때 쓰는 화살촉에 바르는 독극물로 투구꽃을 사용했대."

"진짜? 정말 같은 물질이 약이 되기도 하고, 독이 되기도 하는구나."

"맞아! 그래서 우리 엄마는 내가 약을 바르거나 먹을 때 약에 적혀 있는 설명서를 꼭 읽으라고 해."

"아, 그렇구나. 난 설명서 글씨가 너무 작고, 읽어도 어려워서 뭔 소린지 잘 모르겠던데."

"처음엔 나도 그랬는데, 약 설명서 읽는 습관을 들이면 약 먹을 때 어떤 점을 주의해야 하는지, 하루에 얼마나 먹어야 하는지 등을 정확하게 알 수 있어."

투구꽃

"그래? 그럼 설명서를 꼼꼼히 읽으면서 내 손가락에 바를 약을 한번 찾아보자!"

얼마나 지났을까요?

지룡이와 구광이가 약장 안 약들을 와르르 거실 바닥에 쏟아놓고는 머리를 맞대고 실눈을 떠 가며 이 약 저 약 설명서를 읽는 동안, 외출했던 아빠가 집에 돌아왔어요.

"너희들 있었구나!"

반갑게 인사하던 아빠의 눈에 온 천지가 약들로 난장판이 된 거실 바닥이 보였어요.

"바, 방금 청소 싹 하고 나갔는데, 거실 꼴이 이게 다 뭐지?"

아빠의 눈에서 순간적으로 번쩍 번개가 치고 지나가는 것 같았어요.

지룡이와 구광이는 연구 놀이터에서 지룡이가 가시 박힌 사연부터 약장 안 약들을 왈칵 쏟아 놓을 수밖에 없었던 이유까지 미주알고주알 초고속으로 설명해야만 했어요.

"아하, 그런 이유가 있었구나. 그럼 진작 이야길 하지."

아이들의 자초지종을 듣고 나자, 언제 그랬냐는 듯 아빠의 눈에 다시 평화와 인자의 빛이 서렸어요.

"근데 아빠는 어디 갔다 왔어요?"

지룡이가 물었어요.

"근처 약국 좀 갔다 왔어."

"왜요? 아저씨 어디 아프세요?"

"아니."

"그럼 약 사러요?"

"아니."

"그럼 왜요?"

답답한 나머지 지롱이와 구광이가 동시에 물었어요.

"약 버리러 약국 갔다 왔지."

유효기간 지난 약은 약국에 버려야지.

"네? 약을 버리러 약국에 갔다고요?"

아빠의 대답에 지룡이와 구광이는 머리 위로 물음표가 한 백 개쯤 마구 날아다니는 것 같았어요. 도대체 뭔 소리인지 이해할 수가 없었거든요. 약을 버리러 약국에 가다니요.

"오랜만에 큰맘 먹고 약장을 정리했는데, 생각보다 버려야 할 약들이 너무 많은 거야."

"약을 왜 버려요? 언제 필요할지 모르니까 잘 보관해 둬야지요."

"아무리 좋은 약이라도 유통 기한이 지나면 약 효과도 줄어들고, 자칫 변질되어서 오히려 없던 독성까지 생길 수 있거든. 그래서 집에 보관중인 약들은 주기적으로 유통 기한을 확인해야 해."

"아, 약도 유통 기한이 있었구나!"

"아저씨, 유통 기한 지난 약들을 왜 약국에 가져가서 버려요? 그냥 쓰레기통에 버리면 안 돼요?"

"자고로 약은 말이야, '3 때'를 아주 신경 써야 해!"

"3 때?"

"3 때란, 약을 구입할 때! 복용할 때! 그리고 버릴 때! 너희들도 알다시피 약을 구입할 때, 복용할 때는 다들 신경 쓰지만 약을 버리는 문제에는 크게 관심이 없지. 안 쓰는 약을 무심코 하수구나 변기 또는 쓰레기통에 버리면 그 약이 하천과 땅속으로 흘러 들어가 유해 화학 물질이 퍼지

3장 의약품 안 화학 물질

면서 환경 오염뿐 아니라 무서운 생태계 교란까지 일으키거든."

"환경 오염에 생태계 교란까지?"

아빠의 설명을 듣고 있자니, 지롱이와 구광이 모두 오소소 닭살이 돋았어요.

아빠는 약을 잘 버리는 방법도 알려 주었어요.

"버려야 할 약들을 한꺼번에 다 모으지 말고, 같은 종류끼리 모아서 버려야 해."

"물약은 물약끼리?"

"알약은 알약끼리?"

"그렇지! 그렇지!"

"그래! 나 연구광 결심했어! 늦었다고 생각할 때가 가장 빠르다고 했어. 지금 집에 가서 약장 정리부터 하고, 못 쓰는 약은 끼리끼리 모아서 약국에 갖다 줄래."

"꼭 약국이 아니어도 돼. 가까운 보건소나 동 행정 복지 센터에 갖다 줘도 되거든."

"아저씨, 저 빨리 집에 가서 실천해야겠어요! 지금 당장!"

"야, 나랑 좀 더 놀다 가."

지롱이가 붙잡아도 소용없었어요. 지롱이의 말이 끝나기도 전에 구광이는 쌩하니 현관문을 나섰거든요.

"와, 구광이는 실천력이 엄청 빠른 친구구나."

아빠는 구광이가 기특하다는 듯 흐뭇하게 미소를 지으며 말했어요.

"빨라도 너무 빨라서 탈이지. 이것 봐. 책가방이랑 신발주머니 다 놓고 가 버렸잖아."

"뭐?"

거실 한쪽에 주인 없이 널브러져 있는 책가방, 신발주머니를 보니 절로 웃음이 나와 아빠와 지롱이는 한바탕 크게 웃었어요.

우리 집의 슬기로운 의약품 관리

약의 유통 기한은 '유효 성분의 용량'과 '독성 물질의 농도' 등을 기준으로 정해져요. 성분에 따라 보관법과 유통 기한이 전부 달라요. 아래 설명은 모든 약의 공통사항이 아니라 어디까지나 예시이므로, 해당 약의 설명서를 반드시 읽어 보세요.

알약	• 통에 든 알약은 개봉 후 1년 이내 • 조제한 알약은 처방 일수가 곧 유통 기한 • 포장된 알약은 개봉 후 6개월 이내
가루약	• 알약보다 습기에 약해 1개월 이내
시럽, 물약	• 개봉 후 30일 이내
연고	• 개봉 전 2년, 개봉 후 6개월 이내 • 통에 덜어 준 조제용 연고는 1개월 이내
안약	• 개봉 전 6개월, 개봉 후 1개월 이내(단, 1회용은 한 번 사용 후 즉시 버림)
항생제	• 개봉 후 1개월 이내

대부분의 약들은 온도, 습도, 빛에 쉽게 영향을 받기 때문에 직사광선을 피하고, 그늘지고 건조한 곳에 보관해요.

알약	햇빛, 습기 등을 피해 그늘지고 건조한 곳(단, 냉장 보관은 피함)
시럽, 물약	약 성분에 따라 냉장, 실온 보관으로 나뉘니 설명서를 꼭 읽을 것
연고	면봉을 이용해 사용하고, 뚜껑에 묻은 건 깨끗이 닦을 것
안약	성분에 따라 냉장, 실온 보관법이 다르니 설명서 꼭 읽고 보관
항생제	냉장 보관 필수

폐의약품은 유통 기한이 지나거나 변질, 부패되어 사용할 수 없는 의약품을 말해요. 절대 쓰레기통에 바로 버리면 안 돼요. 잘 분류한 폐의약품은 가까운 약국, 보건소, 동 행정 복지 센터에 가져가 버리세요.

알약	포장된 종이, 비닐 등을 다 벗긴 알약들끼리 모아 한 묶음 만들기
가루약	포장재를 뜯지 않은 채 모아 한 묶음 만들기
물약	페트병에 모두 부어 한 병 만들기
스프레이, 젤, 연고, 안약	포장재 그대로 한 묶음 만들기

의약품, 우리에게 정말 약이기만 할까?

의약품은 화학 물질로 만든 그 무엇과도 견줄 수 없을 만큼 훌륭한 발명품이에요. 최초의 화학 합성 의약품인 아스피린이 발명된 후, 수없이 많은 화학 합성 의약품들이 개발되기 시작했어요. 이런 의약품의 개발과 발전은 수천 년 동안 누구도 치료할 수 없었던 질병을 극복하고, 인류의 생명을 연장하는 인류의 새로운 역사를 선물했어요.

푸른곰팡이

그 대표적인 의약품이 '항생제'예요. 항생제는 세균의 번식을 억제하거나 죽여서 세균 감염을 치료하는 데 사용되는 물질이에요.

영국의 미생물학자 알렉산더 플레밍은 1928년 우연히 푸른곰팡이에서 항생 물질을 발견했는데, 연구 끝에 이를 뽑아내는 데 성공! 세계 최초의 항생제를 개발했어요.

페니실린

그것이 바로 '페니실린'이라는 위대한 약이에요.

폐렴이나 뇌막염 등에 효과가 좋은 페니실린은 대량 생산이 되면서 제2차 세계 대전 당시 수많은 사람들의 생명을 구했어요. 페니실린의 발명은 인류의 평균 수명을 늘렸을 뿐 아니라 항생 물질 연구의 시작점이 되어 그 후 많은 종류의 항생제가 개발되었어요. 플레밍은 인류를 세균성 질병으로부터 해방시킨 공로로 노벨 생리·의학상을 받는 영광을 얻었지요.

하지만 모든 약이 인류를 구원하고, 개발자에게 영광을 주는 것은 아니에요. 작은 약 한 알이 전 세계를 비극으로 몰고 간 사건이 있었어요.

바로 '탈리도마이드 사건'이에요. 1953년 독일의 한 제약 회사에서 '탈리도마이드'라는 화학 물질을 주성분으로 하는 임산부 입덧 방지 약을 만들었어요. 그리고 1957년부터 전 세계 46개국에 판매하기 시작했지요.

각종 동물 실험에서 부작용이 거의 드러나지 않았기 때문에 '부작용 없는 기적의 약'으로까지 알려졌지요. 그런데 1960~1961년 사이에 이 약을 복용한 임산부들이 팔과 다리가 짧거나 아예 없는 기형아를 유독 많이 출산했어요. 조사 결과, 원인은 바로 '탈리도마이드'였어요. 그 화학 물질 성분은 태아에게 기형을 일으키는 심각한 부작용이 있었던 거예요.

결국 이 약은 출시된 지 5년 만에 전격 판매 금지되었어요. 하지만 이 약에 의한 기형아 출산이 전 세계 48여 개국에서 1만 명이 넘어서면서 역사적으로 의약품의 부작용이 부른 가장 비극적인 사건으로 기록되었지요. 이처럼 작은 약 한 알이 인류의 생명을 구할 수도, 앗아갈 수도 있다는 걸 보여 주는 사건이었어요.

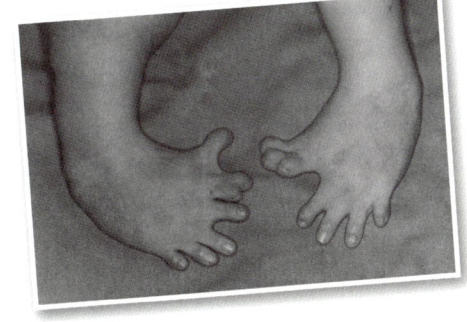

화학 물질이 없던 시절과 비교해 지금이 더 행복한 시대일까요? 만약 행복하다면, 또는 불행하다면 그렇게 생각한 이유가 무엇인지 이야기를 나누어 보아요.

알쏭달쏭 그림 문자

약 설명서나 제품 표면에는 그림 문자가 있어요.
그림 문자에 알맞은 개발 정보와 내용을 찾아 선을 이어 보세요.

 • • 노인 주의 • • 임산부나 태아에 위험성이 높은 성분을 사용하지 말 것

 • • 투여 기간 주의 • • 임상적으로 안전하게 투여할 수 있는 1일 최대 용량 안내

 • • 임부 금기 • • 소아, 노인 등 특정 연령대가 사용하지 말 것

 • • 특정 연령대 금기 • • 임상적으로 안전하게 투여할 수 있는 최대 연속 투여 기간 안내

 • • 용량 주의 • • 지팡이를 짚은 노인을 형상화해 위험성이 있는 의약품 사용 주의

4장

새 차, 새집 안 화학 물질

 새 차 보기를 돌같이 하라?

공항 3번 게이트가 열렸어요.

'들들들 드르르 들드르르!'

"어, 엄마 가방 끄는 소리다."

지롱이와 아빠는 기내용 가방의 바퀴 끄는 소리만 들어도 단박에 엄마라는 걸 알았어요. 아빠는 말할 것도 없고, 지롱이도 공항으로 엄마 마중 나온 세월만 어언 십 년이 넘으니까요.

"엄마!"

"어? 지롱아! 라떼 씨!"

지롱이와 아빠는 얼른 달려가 엄마 가방이며 짐을 받아 들었어요.

기분 좋게 밀린 수다를 떨며 지롱이네 차가 주차된 곳으로 가고 있을 때였어요. 멀리서부터 번쩍번쩍 눈이 부신 새 차 한 대가 다가오고 있네요. 그러더니 지롱이네 가족 앞에 끼익, 하고 멋지게 급정거를 하는 게 아니겠어요?

"어머! 얘, 비행중!"

엄마의 회사 친구가 운전석 창문 밖으로 고개를 쏙 내밀며 아는 척 하는 거예요.

"어? 백장미!"

"안녕하세요?"

지롱이와 아빠도 엄마 친구 장미 이모에게 인사를 했어요.

"어머, 안녕하세요. 오늘도 온 가족 총출동했네요."

"장미 너, 새 차 샀구나!"

"호호호. 무리 좀 해서 샀어."

요즘 부쩍 새 차 좀 사자고 노래를 부르던 터라, 엄마는 장미 이모의 번쩍번쩍한 새 차 여기저기를 샅샅이 훑어보고 있었어요.

"엄마, 진정해."

"여보, 그만 가지."

지롱이와 아빠가 민망한 마음에 엄마 옆구리를 쿡쿡 찌르면서 작은 소리로 속삭였지만 소용없었어요.

우아, 끝내준다, 어머, 어쩜 좋아, 완전 멋져, 정말 부럽다 등 진심이 가득 담긴 감탄사가 엄마 입에서 끝도 없이 나왔어요.

"에이, 뭘. 오히려 새 차 사고부터 온몸 여기저기 가렵고 머리도 자주 아픈 거 같아."

"네? 온몸이 가렵고 머리가 아프다고요?"

갑자기 아빠가 못 들을 것이라도 들은 듯 화들짝 놀라서 물었어요.

"네. 어떨 땐 목도 따끔거린다니까요."

"혹시 새 차 증후군 아닐까요?"

아빠는 걱정스런 표정으로 말을 이어 갔어요.

"차는 천장부터 바닥에 이르기까지 구석구석이 온통 화학 물질로 만들어져 있어요. 그러다 보니 심한 경우엔 우리의 생명을 위협하는 독성 물질도 나온다고 해요."

 어쩌다 케미 박사는 **나지~롱!**

새 차 증후군, 그것이 궁금하군!

'새 차 증후군'이란 새 차 안에 불쾌한 냄새와 함께 떠돌아다니는 유해 화학 물질로 인해 어지러움, 두통, 호흡 곤란, 알레르기 등이 나타나는 증상을 말해요. 새 차를 만들 때 사용하는 각종 내장재와 접착제, 페인트 등에서 무려 270여 가지 이상의 유해 화학 물질이 발생한다고 해요. 여기에는 발암 물질로 알려진 폼알데하이드와 벤젠, 에틸렌 등이 함유되어 있어서 특히 면역력이 약한 어린이와 노인, 임산부에게 악영향을 끼칠 수 있으니 주의해야 해요.

대시 보드	자일렌, 스타이렌
의자	폼알데하이드
바닥 깔개	톨루엔, 에틸벤젠, 자일렌
천장재	벤젠, 스타이렌
타이어	자일렌, 스타이렌

"독성 물질까지?"

장미 이모는 토끼처럼 얼굴이 하얘져서는 눈만 깜빡거렸어요.

지롱이는 이미 새 차에 대한 부러움은 저 멀리 사라진 지 오래였어요. 새 차보다 아픈 게 더 싫었거든요.

"아빠, 장미 이모의 건강을 위해서 새 차를 다시 팔아 버리는 게 낫겠지?"

"하하하. 멋진 새 차를 왜 파니? 지금이라도 새 차 증후군을 예방하면 되지!"

"어떻게요?"

"라떼는 말이죠, 새 차 증후군을 없애기 위해서 첫째도 '환기', 둘째도 '환기'였죠. 새 차 안에서 뿜어져 나오는 각종 유해 화학 물질을 차 밖으로 배출하는 게 가장 중요하거든요."

지롱이와 엄마가 듣기 싫어하는 아빠의 '라떼는 말이죠'가 나왔지만, 오늘만큼은 장미 이모의 건강을 위한 유익한 설명이었기 때문에 모른 척해 주기로 했어요.

아빠의 설명대로 장미 이모는 차 창문을 모조리 연 채 떠났어요. 지롱이네 가족도 서둘러 차에 올랐지요. 오늘 저녁 구광이네 집들이에 초대받았거든요.

"우리도 빨리 출발하자! 이러다 집들이 늦겠어."

 어쩌다 케미 박사는 나지~롱!

새 차 증후군, 이젠 안녕!

새 차를 구입한 후 3~4개월 정도 집중적으로 관리해 주면 새 차 안을 떠돌아다니는 유해 화학 물질을 최대 95%까지 줄일 수 있어요.

1. 의자에 씌워져 있는 비닐 커버를 벗겨요. 비닐 커버를 벗기지 않으면 유해 화학 물질이 빠져나가지 않아요.

2. 자주 창문을 열어서 환기를 시켜요.

3. 실내 온도는 23~24°C 정도로 유지해요. 온도가 높아지면 유해 화학 물질이 더 많이 나오기 때문에 적정 온도를 잘 유지하는 게 중요해요.

4. 차체는 구석구석 자주 청소하고, 히터와 에어컨 필터도 정기적으로 교체해요.

4장 새 차, 새집 안 화학 물질

엄마는 차에만 탔다 하면 180도 돌변해요. 한 치의 흐트러짐도 용납하지 않는 엄마는 차에 올라타기가 무섭게 뾰족구두부터 휙 벗고 발가락 운동을 시작했어요.

"아우, 부럽다 부러워!"

엄마가 꼼지락꼼지락 발가락 운동을 하며 말했어요.

"뭐가?"

"새 차 증후군이고 뭐고, 새 차 너무너무 부럽다."

"새 차 보기를 돌같이 하라!"

아무리 아빠가 말해도 엄마 귀엔 하나도 안 들렸어요.

 새집을 바싹 굽는다고, 빵처럼?

"띵동띵동."

지룡이네 헌 차는 열심히 달려 구광이네 집에 도착했어요.

"어서 오세요!"

"초대해 주셔서 감사합니다!"

구광이네 가족은 지룡이네 가족을 반갑게 맞이했어요. 몇 년 동안 같은 아파트 단지 내에서 살았던 구광이네가 얼마 전 근처에 새로 지은 아파트로 이사를 가서 지롱이네 가족을 집들이에 초대한 것이었어요.

"우아!"

새집에 들어선 아빠는 두 눈이 휘둥그레져서는 입을 다물지 못했어요. 아까 장미 이모의 새 차를 돌같이 보던 아빠가 아니었어요. 새 차에서 눈을 떼지 못하고 너무너무 부러워하던 엄마의 표정과 똑같았어요.

"라떼 씨, 입 좀 다물어요."

"아빠, 새 차 보기를 돌같이 하라며."

이번엔 엄마와 지롱이가 아빠 옆구리를 쿡쿡 찌르며 속삭였어요.

'아차! 내 정신 좀 봐.'

자신의 평생 로망인 새집을 보자 순간 정신 줄을 놓을 뻔한 아빠는 다시 마음을 다잡으며 준비해 온 선물을 내밀었어요.

"별거 아니에요. 새집에서 하는 일마다 술술 풀리시라고 두루마리 화장지, 거품처럼 좋은 일이 마구마구 생기라고 천연 세제를 준비했어요."

"어머나, 뭘 이렇게 많이 사 오셨어요."

구광이 엄마, 아빠는 연신 고맙다고 했어요.

집들이의 묘미는 뭐니 뭐니 해도 구석구석 집 구경하기!

"어머나, 모델 하우스가 따로 없네."

"역시 집은 새로 지은 집이 최고야!"

"진짜 부럽다!"

4장 새 차, 새집 안 화학 물질

새집 구경을 하던 지롱이네는 지은 지 오래된 자기네 집이 괜스레 초라한 '헌' 집 같이 느껴졌어요.

그사이, 거실에는 커다란 밥상 가득 보기만 해도 군침이 도는 음식들이 푸짐하게 차려졌어요.

"우아, 잘 먹겠습니다!"

지롱이는 우선 잡채부터 젓가락으로 덜어서 오물오물 먹기 시작했어요. 환상적인 맛이었어요.

"구광이네는 정말 좋으시겠어요. 집도 새집! 가구도 새 가구! 모든 게 다 새 거잖아요."

"맞아요. 이런 새집에서 살림하면 손에 주부 습진이 걸려도 기분 좋을 거 같습니다. 하하."

지롱이 엄마와 아빠 모두 부러움이 가득한 얼굴로 말했어요.

"허허허. 모르시는 말씀이에요. 새집에 와 보니 새집이 무조건 좋은 것만은 아니더라고요."

구광이 아빠가 숟가락으로 밥을 뜨다 말고 말했어요.

"아니, 왜요?"

지롱이네 가족이 이해할 수 없다는 듯 되묻자, 이번엔 구광이 엄마가 대답했어요.

"저희도 새집에 이사 와서 처음 얼마 동안은 너무 신나고 좋았어요.

어쩌다 케미 박사는 나지~롱!

새집 증후군, 그것이 알고 싶군!

'새집 증후군'이란, 새로 지은 건물이나 집을 지을 때 사용한 건축 자재나 접착제, 벽지, 페인트, 그리고 새 가구 등에서 나오는 유해 화학 물질 때문에 두통, 현기증, 피로감, 구토, 기침, 눈 따가움, 가려움증, 설사 등이 나타나는 증상을 말해요.

새 차 증후군이랑 증상이 비슷하다고요? 맞아요. 새집 증후군도 새 차 증후군처럼 폼알데하이드, 벤젠, 톨루엔, 자일렌 등의 '휘발성 유기 화합물'이라는 유해 화학 물질에 의해서 발생하거든요. 특히 새집에서 나는 자극적인 냄새의 원인인 폼알데하이드는 오랜 시간 노출되면 피부와 호흡기 질환을 일으키고, 심한 경우엔 암 같은 병이 생기기도 하니까 특히 주의해야 해요.

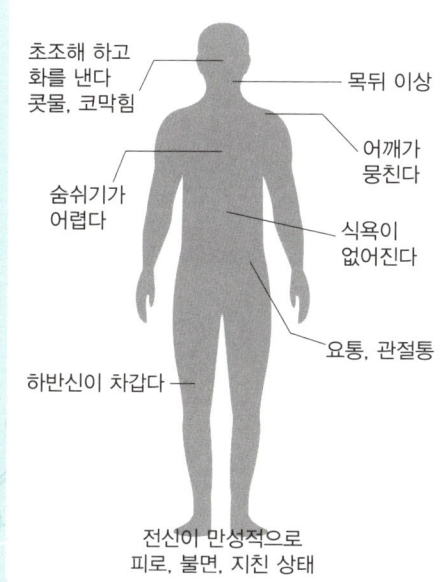

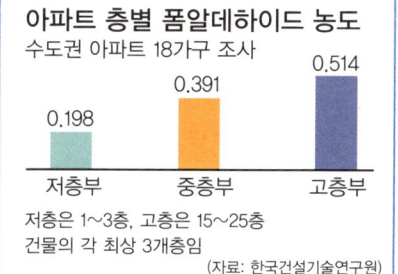

4장 새 차, 새집 안 화학 물질

근데 얼마 지나서부터 자꾸 피곤해지고, 머리도 자주 아프더라고요."

"지롱아, 이것 좀 봐 봐. 난 온몸이 가려워서 여기저기 긁느라 잠도 잘 못 자."

구광이는 소매를 걷어 올리며 불긋불긋 피부병이 난 팔을 보여 주었어요.

"어머나!"

지롱이 엄마는 깜짝 놀라 손으로 입을 가렸어요.

"이게 다 새집에 이사 오고부터 생긴 증상들이랍니다."

"네? 새집으로 이사 오고부터요?"

"어? 새 차…… 새집…… 뭔가 공통점이 있는 것 같은데……."

문득 생각 하나가 지롱이 머리를 스쳤어요.

"혹시 이런 증상을 새집 증후군이라고 하는 건가요?"

지롱이가 물었어요.

"맞아! 어떻게 알았니? 하도 고생을 해서 병원에 갔더니 새집 증후군이라고 하더라고요."

"새집 증후군이 있다는 말은 많이 들었지만, 이렇게 우리 가족이 직접 겪게 될 줄은 몰랐어요."

구광이 아빠의 말에 나머지 가족들도 고개를 끄덕였어요.

병원 진료 후 큰 충격을 받은 구광이네 가족은 그날부터 틈틈이 새집 증후군에 대해서 함께 연구하기 시작했다고 했어요.

"알고 봤더니 새 차에서 나오는 휘발성 유기 화합물 때문에 새 차 증후군이 생기는 것처럼, 새집도 건축 자재나 벽지, 새 가구 등에서 나오는 휘발성 유기 화합물 때문에 새집 증후군이 발생하는 거라고 하더라고요."

집들이 식사의 주제는 어느새 새집 증후군으로 바뀌었어요.

그 와중에도 지롱이는 야무지게 갈비를 뜯으며 물었어요.

"그럼 새집 증후군에 걸리지 않으려면 어떻게 해야 해요?"

"우리도 늦게나마 새집 증후군을 극복하기 위해서 하루에도 몇 번씩 창문을 열고 열심히 환기를 시켰어. 그리고 집 안 곳곳에 새집 증후군을 일으키는 유해 화학 물질을 없애 주는 데 효과가 좋다는 식물들을 놓아두었단다."

그러고 보니 집 안 곳곳에 화분들이 꽤 많이 놓여 있었지요.

"그럼 혹시 이 집은 몇 번쯤 구우셨어요?"

지롱이 엄마가 조심스럽게 물었어요.

"네?"

"집을 굽는다고요?"

"그것도 몇 번씩이나?"

구광이네 가족뿐 아니라 지롱이와 지롱이 아빠까지도 뭔가 잘못 들었나 싶어 지롱이 엄마를 빤히 쳐다보며 되물었어요.

"원래는 새집에 이사 오기 전에 집 전체를 바짝 구워야 해요. 그래야 집 안에 있는 유해 화학 물질들을 빨리 배출시킬 수 있거든요. 모르셨어요?"

엄마의 말에 지롱이와 구광이는 상상해 봤어요.

"집 전체를 바짝 굽는다는 게 뭐죠?"

"집 전체를 홀라당 새까맣게 태운다고?"

도저히 상상이 안 갔어요. 집이 무슨 빵도 아니고 바짝 굽다니요. 엄마가 잘못 안 게 아닐까요?

"호호호. 집을 새까맣게 바싹 굽는다는 게 아니라 마치 빵을 굽듯이 집 전체 실내 온도를 높였다가 환기하기를 여

베이크아웃 방법

- 외부와 통하는 문은 모두 닫는다.
- 수납 가구의 문과 서랍을 전부 연다. 비닐이 씌워진 경우 벗겨 낸다.
- 실내 온도를 35~40℃로 올려 6~10시간을 유지한다.
- 문과 창문을 모두 열어 1~2시간 정도 환기를 한다.

(자료: 부동산 114)

러 번 반복하는 거예요. 새집에 있는 휘발성 유기 화합물을 밖으로 빠져나가게 하는 거지요. 이 방법을 '베이크 아웃 Bake Out'이라고 해요."

"아, 베이크 아웃!"

"말 그대로 빵을 굽는 것처럼 집을 굽는다는 거구나."

"베이크 아웃을 할 땐 집 안에 사람이나 반려동물이 있으면 안 돼요. 집 안에서 뿜어져 나오는 유해 화학 물질을 몽땅 마시게 되거든요."

"아, 그렇구나!"

그제야 이해를 한 가족들은 무척 신기해 했어요.

"아이참, 마음 같아선 지금 당장 베이크 아웃 하고 싶다!"

"맞아. 하지만 오늘은 밤이 늦었으니 내일 아침, 일어나자마자 구워 봅시다!"

구광이네 가족은 내일 아침 베이크 아웃 할 생각에 벌써부터 눈빛이 이글이글 불타올랐어요.

바로 그때, 지롱이 아빠가 두 주먹을 불끈 쥐면서 말했어요. 요상하게도 지롱이 아빠의 눈빛이 더 이글이글 불타고 있었지요.

"그럴 게 아니라 말 나온 김에 지금 당장 구우시죠!"

"지금 당장이요?"

"이 밤에요?"

"네. 구광이네 가족이 오늘 밤에도 새집 증후군에 시달리며 자야 한다고 생각하니 가슴이 아파서요."

"그럼 베이크 아웃 하는 동안 우린 집 밖에서 뜬눈으로 날을 새야 하는 거야?"

구광이가 묻자 지롱이 아빠가 웃으며 대답했어요.

"하하하. 그럼 안 되지. 오늘 밤 저희 집에 가서 주무시죠!"

"네?"

"우아! 우린 대찬성!"

구광이네 가족은 놀라서 물었고, 지롱이와 엄마는 너무 좋아서 외쳤어요.

"어이쿠, 말씀은 감사합니다만 너무 큰 실례라……."

"아니에요. 누추하지만 저희 집에서 하룻밤 묵으시죠."

"야호! 난 무조건 갈래."

구광이는 벌써 여행 가방을 챙긴다고 난리법석을 떨었어요.

그리하여 계획에도 없는 손님들이 지롱이네 집에서 하룻밤을 묵게 되었어요. 두 가족이 밤새 이웃사촌의 뜨끈뜨끈 정을 느끼는 동안, 구광이네 새집도 뜨끈뜨끈 잘 구워지겠죠?

보일러는 최대 40도까지 올려서 10시간을 유지시켜요.

새집 증후군 꼼짝 마!

제 아무리 고약한 새집 증후군이라도 몇 가지 방법만 알고 잘 지킨다면 얼마든지 예방할 수 있어요.

- **첫째** 건물을 지을 때부터 유해 물질이 최대한 배출되지 않도록 친환경 소재의 건축 자재를 사용해야 해요.
- **둘째** 새집으로 이사 들어오기 전에 꼭 '베이크 아웃(Bake out)' 하세요.
- **셋째** 집 안 곳곳에 유해 화학 물질을 잘 빨아들이는 숯이나 식물을 놓아두세요.

식물은 광합성을 하는 과정에서 유해 화학 물질을 흡수해 그 독성을 없애 주는 역할을 해요. 특히 인도고무나무는 폼알데하이드 제거에 탁월하고, 스파티필럼이라는 식물은 벤젠, 아세톤, 폼알데하이드 제거에 좋아요.

새 가구의 문과 서랍도 열어 놓아요.

혹시 우리 집이 병든 집이라면 어떻게 해야 할까요?

'우리 집은 새집이 아니라 지은 지 오래된 집이니까 괜찮아.'
정말 그럴까요?
아니에요. 헌 집도 새집만큼이나 우리 가족의 건강을 위협하는 요소들이 구석구석 숨어 있답니다. 오래된 집의 습기 찬 벽지, 벽 안에 피는 곰팡이, 배수관에서 새어 나오는 각종 유해 가스, 부엌에서 나오는 일산화 탄소, 이산화 황 등 유해 화학 물질, 수도에서 나오는 녹물 등으로 인해 가려움증, 현기증, 구토, 두통, 천식, 알레르기 등이 일어나는 증상을 '헌 집 증후군'이라고 해요.
이사를 하면서 실내 인테리어 공사를 하거나 새 가구들을 집 안에 들이면 헌 집이 새집처럼 변신하지만, 실은 휘발성 유기 화합물이 발생해 헌 집 증후군에 새집 증후군까지 합쳐져 더욱 심각한 오염 상황이 될 수 있어요.
헌 집 증후군과 새집 증후군은 영어 표기가 똑같아요. 둘 다 'Sick House Syndrome'이라고 표기하지요. 영어 표기만 봐도 새집 증후군이든 헌 집 증후군이든 모두 병든 집으로 인해 그 안에서 생활하는 사람들의 건강을 해친다는 것을 의미하지요.

대부분의 사람들은 집뿐만 아니라 학교나 직장 같은 실내 공간에서 오랜 시간 생활해요. 이 공간들에도 수많은 휘발성 유기 화합물이 떠돌아다녀요. 건축 자재뿐 아니라 사무용품, 컴퓨터, 복사기, 각종 청소 용품, 세제 등으로 인해 실내에 오염 물질이 넘쳐나지요. 이렇게 밀폐된 건물 등에서 휘발성 유기 화합물과 공기 오염으로 명백한 원인 없이 건강상의 문제나 질병 증상이 나타나는 것을 '빌딩 증후군(Sick Building Syndrome)'이라고 해요.

혹시 이처럼 집이나 건물이 오염된 건 아닐까 의심된다면, 딱 두 가지만 먼저 실천해 보세요. 바로 '환기'와 '청소'예요. 하루 3번 정도 30분씩, 바람이 통하도록 마주보는 창문을 열어 둬요. 이때 모든 가구의 문을 열어 놓으면 각종 유해 화학 물질까지 배출할 수 있어요. 미세먼지가 심한 날에는 자연 환기보다 공기 청정기를 사용하는 게 좋아요. 헌 집 증후군은 평소 깔끔하게 청소하는 것만으로도 충분히 예방할 수 있어요. 침구류와 카펫은 먼지를 깨끗이 털고, 최소 일주일에 한 번 정도는 햇볕에 바짝 말려 주는 것이 좋아요. 오래된 배수관에는 가끔 식초를 부어 세균 번식을 막고 곰팡이를 제거해 주세요.

우리가 생활하는 공간이 병든 공간이 되지 않고 건강한 공간이 되려면 어떻게 해야 할지, 지금 있는 곳을 한번 둘러볼까요?

사다리 타기 퀴즈

'휘발성 유기 화합물'은 공기 중에 떠돌아다니며 불쾌한 냄새와 오존을 일으키는 유해 화학 물질이에요. 이 물질이 어떤 질병을 일으키는지 정답을 찾아가 보세요.

1 새로 집을 지을 때 사용한 건축 자재나 접착제, 벽지, 페인트, 그리고 새 가구 등에서 나오는 유해 화학 물질 때문에 두통, 현기증, 피로감, 구토, 가려움증 등이 나타나는 증상

2 밀폐된 건물에서 오염된 공기와 각종 건축 자재의 오염으로 인해 두통, 현기증, 집중력 감퇴 등의 증세와 기관지염, 천식 등을 일으키는 증상

3 새집 증후군과 달리 오래된 집의 곰팡이, 배수관에서 새어나오는 유해 가스, 부엌에서 나오는 각종 유해 화학 물질로 두통, 알레르기, 천식, 기관지염 등을 유발하는 증상

4 새 차 안에 불쾌한 냄새와 함께 떠돌아다니는 유해 화학 물질로 인해 어지러움, 두통, 호흡 곤란, 알레르기 등이 나타나는 증상

빌딩 증후군 새 차 증후군 새집 증후군 헌 집 증후군

정답: ❶새집 증후군, ❷빌딩 증후군, ❸헌 집 증후군, ❹새 차 증후군

운동장 안 화학 물질

흙먼지 풀풀 운동장이 자랑거리라고?

오늘은 지롱이에게 있어서 일생일대 가장 손에 땀을 쥐게 하는 날이에요. 바로 지롱이가 전교 부회장 선거를 치르는 날이거든요. 무슨 일이든 동에 번쩍, 서에 번쩍 "나지~~롱!" 하고 나타나 당차게 오지랖을 펼치는 나지롱이지만, 이상하게도 오늘만큼은 얼굴이 잔뜩 굳어 있었어요.

아니나 다를까. 바짝 긴장한 채 제 발표 순서를 기다리는 지롱이. 아무리 바지에 손바닥을 문질러 봐도 금세 양손에 땀이 차올랐어요. 그야말로 손에 땀을 쥐게 하는 선거가 아닐 수 없었지요.

드디어 기호 2번, 지롱이 차례가 되었어요. 지롱이는 후들거리는 다리를 애써 붙잡으며 단상으로 올라갔어요. 머릿속은 점점 하얘졌지만 크게 심호흡을 하고는 씩씩하게 인사를 했답니다.

"안, 안녕하십니까? 저는 이번 전교 부회장에 출마한 기호 2번 나, 나지……롱입니다!"

생각보다 더 긴장을 한 나머지 평소엔 자다가도 벌떡 일어나 외치던 지롱이의 상징 단어인 '나지이이롱!'도 그 맛을 제대로 못 살리고 말았어요.

하지만 이대로 물러설 지롱이가 아니었어요. 다시 한번 정신을 가다듬고, 어금니에 지그시 힘을 주고는 선거 공약을 말하기 시작했어요.

"제가 만약 전교 부회장이 된다면, 우리 학교에서 급식으로 주는 밍밍한 흰 우유를 달콤한 초코 우유로 반드시! 기필코! 꼭꼭! 바꿔 드리겠습니다. 전교생 모두 초코 우유를 마실 수 있는 그날까지 최선을 다하겠습니다! 그러니까 이번 전교 부회장은 누구? 바로 기호 2번 나지이이롱이었습니다!"

"우아, 초코 우유래!"

"우유 빛깔 나지롱!"

"기호 2번 나지롱!"

큰 박수를 받은 지롱이는 갑자기 목에 깁스를 한 것처럼 힘이 들어갔어요. 선거를 지켜보던 선생님들도 공약으로 초코 우유를 내건 후보자는 아마 학교 개교 이래 처음일 거라며 참신하다고 했지요. 왠지 느낌이 좋았어요.

다음은 온몸을 주렁주렁 힙합 스타일로 꾸민 기호 3번 허풍만 차례였어요. 허풍만은 나오자마자 인사말 대신 속사포 랩을 하기 시작했어요.

"손 머리 위로!"

"손 머리 위로!"

"난 뼛속까지 전교 부회장 할 녀석! 자나 깨나 학교 친구 생각뿐! 내가 전교 부회장 되면, 흙먼지 풀풀 운동장에 인조 잔디 쫙쫙 깐다 약속해!"

"인조 잔디 쫙쫙 간다, 약속해!"

"울퉁불퉁 흙 달림길, 최신식 우레탄 달림길로 쫙쫙. 약속해!"

"우레탄 달림길로 쫙쫙, 약속해!"

"힙합 소년 허풍만!"

"기호 3번 허풍만!"

허풍만의 선거 공약에 학생들이 환호성을 질렀어요. 마치 힙합 공연을 보는 것 같았지요. 지롱인 그만 고개를 떨구고 말았어요. 생각해 보세요. 그깟 초코 우유가 어떻게 인조 잔디와 우레탄 달림길을 이기겠어요. 지금 분위기로 봐선 허풍만의 당선이 거의 확실해 보였어요.

하지만 선거는 끝날 때까지 끝난 게 아니라고 했던가요? 후끈 달아오른 선거판에 찬물을 끼얹는 뜻밖의 변수가 나타났어요.

바로 기호 4번 한라봉이었어요.

우레탄 달림길과 인조 잔디 속 함정

우레탄 달림길 속 유해 화학 물질

우레탄 달림길은 흙 달림길에 비해 폭신폭신해서 충격 흡수가 좋아요.
대부분 폐타이어, 폐고무 등을 이용해 만든 합성 화학 물질을 겹겹이 쌓아서 만든 길이에요. 그런데 우레탄에서 나오는 납, 카드뮴, 크롬 같은 중금속은 아토피, 학습 장애, 주의력 결핍 과잉 행동 장애 등을 일으킬 수 있어요. 또 우레탄은 햇볕 등에 가열되면 고약한 냄새와 함께 벤젠, 톨루엔, 자일렌 같은 유해 화학 물질이 발생해 근육 마비, 뇌 기능 장애, 암까지 일으킬 수 있다고 해요.

인조 잔디 속 유해 화학 물질

인조 잔디는 플라스틱으로 만든 파일 모양의 잔디와 폐고무 등을 잘게 부숴 만든 고무칩 충전재인 '고무 분말'로 이루어져 있어요. 모든 재료가 합성 화학 물질로 이루어져 있어서 우레탄보다 유해 화학 물질, 발암 물질, 독성 물질 등이 훨씬 더 많이 검출된다고 해요.

인조 잔디와 우레탄 바닥에서 꼭 지켜야 할 약속

1. 맨손으로 만지거나, 맨발로 밟지 않기 약속!
2. 앉거나 눕기 또는 뒹굴지 않기 약속!
3. 인조 잔디나 우레탄을 만진 손으로 땀이나 입 닦지 않기 약속!
4. 더운 날에는 화상 위험이 있으니 주위에 가지 않기 약속!
5. 어지럼증이나 구토가 생기면 바로 도움 청하기 약속!

"저는 전교 부회장에 출마한 기호 4번 한라봉입니다. 여러분은 우리 학교의 가장 큰 자랑거리가 뭐라고 생각하세요? 저는 흙으로 된 달림길과 운동장이라고 생각합니다."

"쳇, 흙먼지 폴폴 날리는 게 자랑거리라고?"

"에이, 말도 안 돼."

반응이 그리 좋지 않았어요. 하지만 한라봉의 연설은 그게 끝이 아니었어요.

"우레탄 달림길은 무엇으로 만든 길일까요? 우레탄은 대부분 폐타이어, 폐고무 등을 이용해 만든 합성 화학 물질이래요. 그래서 중금속 같은 유해 화학 물질이 들어 있어서 우리의 건강을 해칠 수 있다고 해요."

"뭐? 유해 화학 물질?"

"놀라지 마세요. 인조 잔디는 우레탄보다 훨씬 더 독성이 많이 나온다고 해요. 게다가 한여름엔 인조 잔디가 엄청 뜨거워져서 화상을 입을 수도 있어요."

"뭐야? 독성에 화, 화상까지?"

선거장 안은 술렁거렸어요.

"제가 만약 전교 부회장이 된다면, 우리 학교의 큰 자랑거리인 흙 운동장을 잘 가꾸기 위해서 운동장에 버려진 쓰레기를 가장 먼저 줍겠습니다! 그리고 가장 많이 줍겠습니다! 고맙습니다!"

잠시 웅성거리는 소리가 들리더니 이내 '우아!' 하는 함성과 함께 환호의 박수 소리가 터져 나왔어요. 반응이 폭발적이었어요.

 우리는 어린이 유해 화학 물질 지킴이!

어디선가 바람이 불어요. 무심한 듯 낙엽들이 우수수 떨어지네요. 그러고는 뽀얀 흙먼지와 함께 천덕꾸러기처럼 제멋대로 운동장을 나뒹굴어요.

"저 낙엽들…… 꼭 나 같다. 후유."

선거도 끝이 났고 학교 수업이 끝난 지도 한참인데, 지롱이는 쉽사리 발길이 떨어지질 않아 학교 운동장 앞에 오도카니 서 있었어요. 전교 부회장 떨어진 게 뭔 대수야 하면서도, 마음 한 편은 세상을 다 잃은 듯 휑했어요.

"지롱아! 나지롱!"

구광이 옆으로 라봉이도 함께 뛰어오는 게 보였어요.

"어? 너희 둘이 어떻게……."

"지롱아, 괜찮아?"

라봉이가 지롱이 표정을 살피며 조심스레 물었어요.

"괘, 괜찮지, 그럼. 한라봉, 너 전교 부회장 된 거 축하해!"

지롱이는 진심이었어요.

"오, 공정한 선거! 멋진 마무리!"

구광이가 엄지 척을 하며 말했어요.

지롱이는 알았어요. 구광이가 자기를 위해 일부러 라봉이와 함께 찾아왔다는 걸요.

"지롱아! 구광이한테 네 이야기 많이 들었어. 네 몫까지 열심히 할게. 대신 너희들이 많이 도와줘!"

"물론이지!"

지롱이와 구광이가 합창했어요.

"잠깐! 저기 수상한 아저씨 포착!"

구광이가 손가락으로 가리킨 곳은 운동장 한쪽 놀이 기구들이 있는 곳이었어요. 한 아저씨가 손에 뭔가를 쥐고 놀이 기구들 주변을 천천히 맴돌고 있는 게 보였어요. 누가 봐도 수상함 그 자체였지요.

"저 아저씨, 지금 우리 운동장에서 수맥을 찾고 있는 게 틀림없어! 예전에 우리 할아버지가 손에 수맥봉을 들고 저렇게 수맥 찾으러 다니셨거든."

지롱이가 아는 척했어요.

"아냐. 저 아저씨는 지금 금속 탐지기로 우리 운동장 속에 묻혀 있을

지도 모를 옛날 보물을 찾고 있는 거야."

라봉이도 상상의 나래를 펼쳤어요.

"어유, 너무 궁금해서 못 참겠다. 살금살금 가 보자!"

그냥 넘어갈 아이들이 아니었지요. 수상한 아저씨가 눈치채지 못하게 살금살금 접근했어요.

"아저씨!"

"앗, 깜짝이야!"

아저씨는 나쁜 짓하다 들키기라도 한 것처럼 화들짝 놀랐어요.

"지금 우리 학교에서 뭐 하고 계시는 거예요?"

라봉이가 따져 물었어요.

"아, 여기 놀이 기구 안전 점검 중이란다."

"안전 점검을 하다니요?"

"응. 놀이 기구가 유해 화학 물질 등으로부터 안전한지 정기적으로 점검해야 하거든."

"네? 놀이 기구에서도 유해 화학 물질이 나와요?"

"그럼. 너희들이 신나게 타고 노는 그네, 철봉, 미끄럼틀은 각종 화학 물질로 만들어진 제품들이야. 놀이 기구들에 대부분 알록달록 예쁜 색이 칠해져 있지? 그런데 그렇게 예쁘게 칠해진 페인트에는 납, 수은, 카드뮴 같은 중금속이 들어 있어."

"어? 중금속이라면 우리 몸에 조금씩 쌓여서 결국 암까지 걸릴 수 있는 무서운 물질이잖아요."

구광이가 말했어요.

"그렇지."

"에이, 그래도 놀이 기구 페인트는 이미 굳어 있으니까 우리 몸으로 직접 들어가진 않겠죠?"

지롱이가 묻자 아저씨가 친절하게 답해 주었어요.

"아니. 이미 칠해서 굳은 페인트라도 그 놀이 기구를 타고 놀면서 계속 만지고, 문지르고, 미끄러지고 하다 보면 어느새 온몸이 유해 화학 물질 투성이가 되기 십상이야."

"아저씨! 그럼 이참에 학교에 건의해서 페인트 안 칠한 나무 놀이 기구들로 싹 바꾸면 어떨까요?"

역시 전교 부회장 한라봉다운 대책이었어요.

"음, 나무 놀이 기구는 색깔 페인트 대신 나무가 썩지 않도록 방부제를 발라. 그런데 그 방부제 역시 유해 화학 물질이 들어 있어서 안심할 순 없단다. 그러니까 놀이 기구를 타고 논 다음엔 집에 가서 꼭 깨끗이 씻도록 하렴!"

"아저씨가 우리 학교 운동장을 이렇게 안전하게 지켜 주시는 줄도 모르고……."

라봉이가 말꼬리를 흐렸어요. 아저씨와 얘기를 나누다 보니, 잘 알지도 못하면서 다짜고짜 수상한 아저씨로 오해한 것이 미안해졌어요.

"아저씨! 우리가 운동장에서 안심하고 놀 수 있게 해 주셔서 감사합니다!"

지롱이와 구광이도 아저씨에게 넙죽 인사를 했어요.

"하하하. 너희들 덕분에 아저씨도 힘이 막 나는걸!"

안전 점검 아저씨와 헤어진 뒤, 셋은 학교 정문을 나서며 이야기를 나눴어요.

"우리가 전혀 생각지도 못했던 곳에까지 유해 화학 물질이 숨어 있을 줄이야!"

"으으으, 왠지 으스스하다."

그때 라봉이가 갑자기 걸음을 뚝 멈추더니, 뭔가 큰 결심이라도 한 듯 결의에 찬 표정으로 말했어요.

"애들아! 너희들과 함께 앞으로 꼭 하고 싶은 일이 생겼어!"

"우리들이랑?"

"그게 뭔데?"

"유해 화학 물질로부터 어린이들을 지키는 '어린이 유해 화학 물질 지킴이'!"

"어린이 유해 화학 물질 지킴이?"

"응! 일상생활 속에 숨어 있는 유해 화학 물질을 어른들에게만 관리해 달라고 할 게 아니라, 우리 어린이들도 스스로 피하거나, 줄일 수 있는 방법을 찾아보고 실천하는 거야."

"예를 들면 유해 화학 물질 지킴이 캠페인 같은 거?"

"우아! 그거 진짜 좋은 생각이다!"

라봉이의 제안에 구광이와 지롱이도 '바로 이거야!' 하는 느낌이 딱 왔어요.

얼마 후, 전교 회장단 회의에서 정식으로 '어린이 유해 화학 물질 지킴이 캠페인'을 추진하기로 결정했어요. 지롱이와 구광이는 전교 회장단은 아니었지만, 이 캠페인을 주도적으로 이끌어 갈 명예 연구팀으로 뽑혀 대활약을 펼치게 되었어요.

그날 이후로 우리 지롱이가 확 달라졌어요. 한 달에 한 번 있는 유해 화학 물질 지킴이 모임을 위해 온갖 자료를 찾고, 친구들과 유해 화학 물질에 관한 책자를 만들었지요.

오늘은 연구원들과 연구 놀이터에 모여 교실 안 유해 화학 물질에 대해 열띤 토론을 벌이느라 시간 가는 줄도 몰랐어요. 유해 화학 물질에 관한 '100분 토론'으로 시작했는데, 아무래도 '100시간 토론'이 될 것 같은 이 불길한 예감은 뭘까요?

 어쩌다 케미 박사는 나지~롱!

'어린이 활동 공간 환경 안전 진단'

요즘 각종 놀이 시설이나 학교, 보육 시설 등 어딜 가도 혹시 어린이들이 유해 화학 물질에 노출되지 않을까 걱정이 많죠?
걱정할 필요 없어요. 나라에서 어린이들이 안심하고 건강하게 뛰어 놀 수 있도록 유해 화학 물질 없는 친환경 공간을 만들기 위해 노력하고 있거든요.

어린이 활동 공간 환경 안전 관리 기준의 주요 내용

합성 고무 재질 바닥재의 표면 재료
중금속 및 폼알데하이드의 기준 초과 방출 금지

시설물 관리
어린이 활동 공간에 설치된 시설물은 녹이 슬거나 금이 가거나 도료(페인트)가 벗겨지지 않게 관리해야 함.

목재
시설에 사용되는 목재에는 유해 방부제의 사용을 금함.

토양(모래 등)
바닥에 사용되는 모래 등 토양에 함유된 중금속 및 비소는 기준에 적합해야 하며, 기생충 알이 검출되지 않을 것.

도료 마감 재료
실내 및 실외 활동 공간에서 사용된 도료, 마감 재료는 중금속 기준에 적합해야 함. 또한, 실내 활동 공간에서는 실내 공기질 관리법에 따른 오염 물질을 방출하지 않고 실내 공기질 오염 기준 이내여야 함.(총휘발성 유기 화합물, 폼알데하이드)

(자료: 환경부)

토론왕 되기!

다가오는 미래, 인류는 어떤 화학 물질들과 어우러져 살게 될까?

지금 이 시간에도 우리는 이름도 모르는 수많은 화학 물질들에 둘러싸여 먹고, 마시고, 바르고, 입으며 살고 있어요. 화학 산업의 발달로 우리의 삶은 180도 바뀌었어요. 의식주가 해결되어 삶의 질이 훨씬 좋아졌고, 질병을 이길 수 있게 되어 생명을 연장하게 되었지요. 하지만 그 반대로 무시무시한 대가를 톡톡히 치르고 있는 것 또한 사실이에요.

환경·안전·보건 책임주의 운동

유해 화학 물질로 인한 사건, 사고로 수많은 생명을 허망하게 잃고, 소중한 자연이 오염되고 파괴되고 있어요. 화학 물질에 대한 문제점을 깨닫게 되면서 사람들은 친환경 화학 물질에 대한 관심이 높아졌어요. 그래서 1980년대 '환경·안전·보건 책임주의(RC. Responsible care) 운동'이 시작되었지요.

이 운동은 화학 물질로 만든 제품의 개발에서부터 제조, 판매, 유통, 사용, 폐기에 이르기까지 전 과정에 걸쳐 환경과 안전, 인간의 건강을 보호하겠다는 국제적인 운동이었어요. 우리나라도 1992년 처음 RC를 도입했지요.

그러다 1990년대 들어서면서 좀 더 적극적이고 혁신적인 연구가 전개되었어요. 바로 '녹색 화학(Green Chemistry)'이에요. 화학 물질을 만들고 이용하는 전 과정에서 친환경 화학 물질을 만들되, 생산 과정에서 에너지 사용과 환경 오염을 최대한 줄여서 지금 세대뿐 아니라 미래 세대까지 '지속 가능'한 화학 물질을 연구하자는 흐름이 세계적으로 자리 잡게 된 거예요. 현재는 녹색 화학에서 한 걸음 더 나아가 '블루 케미스트리(Blue Chemistry)'라는 개념이 주목받고 있어요. '블루 케미스트리'는 친환경 화학을 통해 자연 환경과 지구를 재생하고 복원하여 지금보다 더 좋은 지구를 후손들에게 물려주자는 의미를 담고 있어요.

지금까지는 화학 물질이 발전을 거듭하며 현재를 살아가는 우리의 편리하고 풍요로운 삶만 누리는 데 급급했다면 미래의 화학 물질은 지금보다 자연을 되살리고, 건강하게 만들어서 후손들에게 훨씬 더 푸르고 아름다운 지구를 물려줄 수 있지 않을까요?

 ## 우리의 약속

인조 잔디와 우레탄 바닥은 모두 합성 화학 물질로 만들어져서 각종 유해 성분이 발생하지요. 그래서 사용할 때 꼭 지켜야 할 약속들이 있어요. 알맞지 않은 약속은 무엇일까요?

1 앉기, 눕기, 뒹굴기 하지 않기 약속

2 맨손으로 만지거나 맨발로 신나게 밟기 약속

3 인조 잔디나 우레탄을 만진 손으로 땀이나 입 닦지 않기 약속

4 어지럼증, 구토가 생기면 바로 도움 청하기 약속

5 더운 날에는 화상 위험이 있으니 주위에 가지 않기 약속

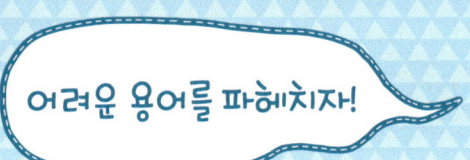

과불화 화합물 탄화수소의 기본 골격 중 수소가 불소로 치환된 형태의 물질. 열에 강하고, 물이나 기름 등이 쉽게 스며들거나 오염되는 것을 막아 주는 특성이 있어서 산업계 전반에 걸쳐 많은 분야에서 사용해요.

노케미족 '노 케미컬 (No Chemical. 화학 물질 안 쓰기)을 하는 사람들'의 줄임 말로, 화학 물질이 들어간 제품을 거부하는 사람들을 일컫는 신조어. 베이킹 소다와 구연산 등을 활용해 살균제와 탈취제, 세제 등을 직접 만들어 쓰기도 하지요.

녹색 화학(Green Chemistry) 화학 물질을 만드는 전 과정에서 친환경 화학 물질을 만들되, 생산 과정에서 에너지 사용과 환경 오염을 최대한 줄여서 '지속 가능'한 화학 물질을 연구하자는 운동을 말해요.

블루 케미스트리(Blue Chemistry) 친환경 화학을 통해 자연환경과 지구를 재생하고 복원하여 지금보다 더 좋은 지구를 후손들에게 물려주자는 의미를 담고 있는 운동이에요.

케모포비아(Chemophobia) 화학 물질에 대한 막연한 걱정 또는 공포감, 혐오를 말해요

화학 조미료 흔히 'MSG'라고 하는데, MonoSodium Glutamate의 약자로, 음식의 감칠맛을 더해 주기 위해 화학적으로 합성해서 만든 화학 물질이에요.

휘발성 유기 화합물 공기 중에 떠돌아다니며 불쾌한 냄새와 오존을 일으키는 유해 화합 물질이에요.

화학 물질 관련 사이트

케미스토리(어린이 환경과 건강 포털) www.chemistory.go.kr
환경부에서 별도로 운영하는 사이트로, 어린이 주변 환경에 대한 건강 정보뿐 아니라 화학 물질과 관련된 질병 정보도 제공받을 수 있어요.

환경 교육 포털 www.keep.go.kr
환경부에서 별도로 운영하는 사이트로, 국내의 환경 관련 정보를 한눈에 접할 수 있는 곳이에요. 특히 환경 교육에 다양한 자료를 제공하고 있어요.

화학 물질 정보 시스템 ncis.nier.go.kr
화학 물질 정보 검색 서비스로 유해 화학 물질 관리법 등 관련법에 관한 정보를 한눈에 볼 수 있어요.

제품 안전 정보 센터 www.safetykorea.kr
산업통상자원부 국가기술표준원에서 운영하는 사이트로, 불법 불량 제품 신고는 물론, 유해 화학 물질과 독성 정보에 대한 데이터도 제공하고 있어요.

생활 환경 안전 정보 시스템(초록누리) ecolife.me.go.kr
우리의 일상생활에서 사용하는 화학 제품과 제품에 함유되어 있는 화학 물질의 유해성 정보, 우리 생활 주변의 환경 배출 시설에 대한 정보를 제공해 줘요.

독성 정보 제공 시스템 www.nifds.go.kr/toxinfo
화장품, 식품, 의약품 등에 들어 있는 화학 물질의 정보를 알 수 있어요.

녹색 제품 정보 시스템 www.greenproduct.go.kr
한국환경산업기술원에서 운영하는 곳으로, 유해 화학 물질이 적은 친환경 마크가 표시된 제품을 고를 때 제품 정보를 확인할 수 있어서 유용해요.

신나는 토론을 위한 맞춤 가이드

좌충우돌 나지롱 가족과 함께 알게 된 화학 물질 이야기를 재미있게 읽었나요? 어른들에게도, 어린이들에게도 어렵게만 생각되던 화학 물질과 조금 친해지게 되었다고요?
이제 마지막 단계인 토론을 잘 하려면 올바른 지식과 다양한 정보가 뒷받침되어야 해요. 책을 다 읽고 친구 또는 부모님과 신나게 토론해 봐요!

잠깐! 토론과 토의는 뭐가 다르지?

토론과 토의는 모두 어떤 문제를 해결하기 위해 의견을 나누는 일입니다. 하지만 주제와 형식이 조금씩 달라요. 토의는 여러 사람의 다양한 의견을 한데 모아 협동하는 일이, 토론은 논리적인 근거로 상대방을 설득하는 일이 중요합니다. 토의는 누군가를 설득하거나 이겨야 하는 것이 아니기 때문에 서로 협력해서 생각의 폭을 넓히고 좋은 결정을 내릴 때 필요해요. 반면 토론은 한 문제를 놓고 찬성과 반대로 나뉘어 서로 대립하는 과정을 거치지요.
넓은 의미에서 토론은 토의까지 포함하는 경우가 많습니다. 토론과 토의 모두 논리적으로 생각 체계를 세우고, 사고력과 창의성을 높이는 데 도움을 준답니다.

토론의 올바른 자세

말하는 사람
1. 자신의 말이 잘 전달되도록 또박또박 말해요.
2. 바닥이나 책상을 보지 말고 앞을 보고 말해요.
3. 상대방이 자신의 주장과 달라도 존중해 주어요.
4. 주어진 시간에만 말을 해요.
5. 할 말을 미리 간단히 적어 두면 좋아요.

듣는 사람
1. 상대방에게 집중하면서 어떤 말을 하는지 열심히 들어요.
2. 비스듬히 앉지 말고 단정한 자세를 해요.
3. 상대방이 말하는 중간에 끼어들지 않아요.
4. 다른 사람과 떠들거나 딴짓을 하지 않아요.
5. 상대방의 말을 적으며 자기 생각과 비교해 봐요.

체계적으로 생각하기

소독제, 나쁜 균만 없애는 게 아니라고요?

2020년, '코로나19'라는 무시무시한 바이러스가 대유행해 지구 전체를 공포의 도가니로 몰아넣었어요. 코로나19 외에도 새로운 바이러스에 대한 치료제나 백신을 개발하기 위해 연구자들은 최선을 다하고 있지요. 여러분은 바이러스에 의한 질병 감염을 예방하기 위해 개인 위생 수칙을 철저히 지키고 있나요? 다음 기사를 보고 질문에 답해 보세요.

요즘 막 뿌리는 코로나 소독제, '가습기 살균제 그 성분' 들었다

신종 코로나바이러스 감염증(코로나19) 사태로 사용이 급증하고 있는 살균·소독제의 호흡기 노출이 폐 질환을 유발할 가능성이 있다는 연구 결과가 나왔다.

연구진은 염화디데실디메틸암모늄(DDAC)에 지속적으로 노출될 경우, 체내 축적과 폐 질환 유도 가능성을 배제할 수 없고 이를 위한 추가 연구가 필요하다고 밝혔다.

DDAC는 세균이나 바이러스와 같은 미생물 확산 차단을 위해 사용하는 물질로, 미국 환경청에 등록된 4급 암모늄 계열 살균·소독제다. 목재나 건축용품, 물탱크와 같은 산업용 물품과 가습기, 세탁기 같은 주거용 제품의 방부제, 소독제, 항생제로 많이 사용된다.

DDAC는 2006년 우리나라에서 발생한 가습기 살균제 사건의 주요 성분 중 하나이기도 하다. 연구진은 2016년부터 이 사건과 관련된 물질을 연구해 왔으며 이번 연구에서는 인간 기관지 상피 세포(BEAS-2B)와 실험용 쥐를 사용해 폐 질환 유도 가능성과 그 독성 기전을 연구했다.

박 교수는 이번 연구 결과에 따른 '슬기로운 살균·소독제 사용법'으로는 ▲살균·소독제는 공기 중에 뿌리지 말아야 하고 ▲밀폐된 공간에서 사용하는 것을 자제하며 환기되는 상태에서 사용해야 한다고 밝혔다.

그는 "염소 계열의 소독제는 증발하는 과정에서 인체에 유해한 산 가스를 발생시키기 때문에 반드시 사용 후 환기해야 하는 것"이라고 덧붙였다.

이와 함께 박 교수는 ▲자주 물로 손과 입, 코 주변을 닦고 물로 닦을 수 없을 땐 손 소독제를 사용해야 하지만 사용 후 절대 입이나 코, 눈 등을 만지지 말아야 하며 ▲살균·소독제를 혼합해 사용하지 말 것을 당부했다.

그는 "만약 두 가지 이상의 살균·소독제를 사용할 경우, 혼합하지 말고 번갈아 가며 사용해야 한다"며 "마지막으로 제품 설명서에 기록된 사용법을 반드시 지켜야 한다"고 말했다. 박 교수는 "용량을 더 넣는다고 효과가 증가하는 것은 아니다"라고 부연했다.

뉴시스1 기사 2020/8/24

1. 소독제는 나쁜 균을 없애기 위해 자주 사용하지요. 하지만 무분별하게 사용하면 오히려 우리 몸에 해롭다고 해요. 어떤 이유 때문일까요? 본문에서 찾아보세요.

2. 코로나19 감염 예방을 위해 요즘 부쩍 많이 사용하는 소독제, 안전하고 건강하게 사용하는 방법을 정리해 보세요.

논리적으로 말하기 1

바다의 최고 포식자, 범고래는 왜 바다에서 사라지고 있을까요?

화학 물질은 우리에게 편리함과 풍요로움을 누릴 수 있게 하지만, 화학 물질의 무분별한 사용과 허술한 관리로 인해 인간뿐 아니라 생태계 전체에 큰 위협을 주고 있지요. 다음 기사를 읽고 질문에 답해 보세요.

생물 농축 오염으로 세계의 범고래가 위험하다

40년 전 사용이 금지된 유해 화학 물질이 아직도 세계 범고래의 장기 생존 가능성을 위협하는 것으로 밝혀졌다. 특히 오염이 심한 온대 바다에서는 30~50년 안에 범고래 집단이 괴멸할 수 있는 것으로 예측됐다.

연구진은 "전 세계 범고래 집단의 절반 이상이 피시비(폴리염화 바이페닐, PCB) 영향을 심각하게 받고 있다는 조사 결과를 보고 깜짝 놀랐다"며 "(피시비의) 악영향은 이미 지난 50년 이상 알려졌는데, 앞으로 30~40년 안에 오염 해역에서 범고래 집단이 붕괴할 위험이 매우 크게 나타난 모델링 결과는 충격적"이라고 말했다.

피시비는 1920년대 개발돼 세계적으로 100만t 이상이 생산된 유기 화합 물질이다. 화학적으로 안정하고 절연과 열전달 효과가 뛰어나 전기, 플라스틱, 페인트 등 산업계에 광범위하게 쓰였다. 그러나 쉽게 분해되지 않고 생물에 농축되는 데다 발암과 생식·면역 능력 감퇴 등 악영향이 드러나자 1970년대부터 사용이 금지됐다.

그러나 40여 년 전 사용이 금지된 피시비는 먹이 그물을 통해 생태계로 퍼져 나갔고, 최상위 포식자인 범고래는 가장 큰 피해자가 됐다. 범고래는 연어, 상어, 물개 등을 잡아먹는데, 쉽게 분해되지 않고 생물의 지방에 축적되는 성질이 있는 피시비가 플랑크톤에서 작은 물고기 등 먹이 그물을 거치면서 점점 축적돼 최종 포식자인 범고래에 이르러 최고의 농도를 보이게 된다. 범고래는 60~70년을 살기 때문에 피시비가 사용 금지된 이후에도 계속 이 유해 물질을 몸속에 축적해 왔다. 게다가 지방에 녹은 피시비는 모유를 통해 새끼에게 고스란히 전달된다.

한겨레신문 2018/09/28

1. 바다의 최고 포식자인 범고래의 개체 수가 왜 점점 줄어드는 걸까요? 본문에서 내용을 찾아본 뒤 말해 보세요.

2. 범고래의 개체 수를 보호하고 점차 늘어나도록 하려면 우리가 어떤 노력을 해야 할까요?

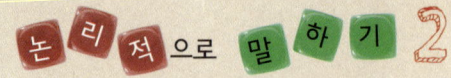

'미래 화학 물질'에는 어떤 것들이 있을까요?

지금까지의 화학 산업이 화석 자원 등에 의존하는 한정적이고, 환경 오염이 심한 석유 화학 산업이었다면, 미래에는 친환경적으로 지속 성장 가능한 바이오 화학 산업이 주를 이루게 될 거예요. 다음 기사를 읽고 미래의 화학 물질을 생각해 보아요.

친환경 미생물로 식품·의약품 합성, 플라스틱 원료 대량 생산한다

국내 연구진이 플라스틱의 원료와 식품·의약품 합성에 사용되는 화학 물질인 숙신산을 친환경적 공법으로 대량 생산할 수 있는 기술을 개발했다.

한국과학기술원(KAIST)과 경북대학교 연구팀이 시스템 대사 공학을 이용해 미생물 기반의 바이오 숙신산 대량 생산을 가능케 하는 세계 최고의 효율을 지닌 숙신산 생산 균주를 개발했다고 밝혔다.

기후 변화 대응 기술 중 바이오 리파이너리 기술은 화석 연료에 의존하지 않고 바이오매스 원료로부터 생물공학적·화학적 기술을 이용해 화학 제품과 바이오 연료 등 산업 화학 물질을 친환경적으로 생산하는 분야다. 이중 '시스템 대사 공학'은 미생물의 복잡한 대사 회로를 효과적으로 조작해 산업 화학 물질의 생산 효율을 높일 수 있다.

급속도로 고갈돼 가는 화석 연료를 대체할 수 있는 바이오 기반의 숙신산 생산은 필수적이다. 연구팀은 한우의 반추위에서 분리한 미생물인 맨하이미아(Mannheimia)의 대사 회로를 조작해 세계 최고의 생산 효율을 지닌 숙신산을 생산할 수 있는 개량균주를 개발하는 데 성공했다.

헤럴드경제 2020/5/5

1. 기사의 내용처럼 친환경 미생물 등을 이용한 바이오 화학 물질들이 다양하게 개발된다면 앞으로 우리 생활은 어떻게 변할까요?

2. 만약 여러분이 화학자라면 인류의 미래를 위해 어떤 화학 물질을 개발하고 싶은가요?

창의력 키우기

내가 만든 화학 물질이 나쁘게 쓰인다면?

미래 산업에 관한 전문가들은 화학적 지식을 갖춘 사람이 미래에 중요한 직업을 갖게 될 확률이 높다고 해요. 그만큼 앞으로도 화학은 우리 삶에서 중요한 비중을 차지하고 있다는 의미지요.

자, 그렇다면 만약 여러분이 미래에 수많은 생명을 살리는 놀라운 물질 개발에 성공한 과학자가 되었다고 상상해 보세요. 그 새로운 화학 물질 개발로 화학계의 슈퍼스타가 되고, 꿈에도 그리던 노벨 화학상까지 거머쥐게 되었어요.

그런데 어느 날, 여러분이 만든 화학 물질이 전쟁에서 인간의 생명을 빼앗는 데 사용될 것이라는 끔찍한 소식을 듣게 되었어요. 미래의 화학자인 여러분이라면 그 상황에 어떻게 대처할 수 있을까요?

예시 답안

소독제, 나쁜 균만 없애는 게 아니라고요?

1. 우리가 흔히 사용하는 살균, 소독제에 들어 있는 염화디데실디메틸암모늄(DDAC)라는 화학 물질에 자주 노출되면 체내 축적과 폐 질환을 일으킬 수 있다는 연구 결과가 나왔다. DDAC는 세균이나 바이러스와 같은 미생물 확산을 막기 위해 사용하는 물질로, 목재나 건축용품, 물탱크와 같은 산업용 물품과 가습기, 세탁기 같은 주거용 제품의 방부제, 소독제, 항생제로 많이 사용되는데, 이 화학 물질은 2006년 우리나라에서 수많은 생명을 앗아간 가습기 살균제 사건의 주요 성분 중 하나이기 때문에 특히 사용 시 유의해야 한다.
2. ① 되도록 화학 물질로 만든 소독제 대신 물로 자주 손과 입, 코 주변을 닦고, 물로 닦을 수 없는 상황이라면 천연 물질로 만든 소독, 세정제를 사용하기
② 밀폐된 공간에서 살균, 소독제를 공기 중에 자주 뿌리지 말고, 혹시 뿌렸다면 꼭 환기를 시키기
③ 소독제를 뿌리거나 바른 후엔 절대 입이나 코, 눈 등을 만지지 말기
④ 여러 종류의 살균, 소독제를 섞어서 사용하지 않기
⑤ 소독제 사용 시에는 반드시 제품 설명서에 적힌 사용법을 읽고 지키기

바다의 최고 포식자, 범고래는 왜 바다에서 사라지고 있을까요?

1. 40여 년 전 사용이 금지된 피시비라는 유해 화학 물질이 먹이그물을 통해 플랑크톤 → 작은 물고기 → 연어, 상어, 물개 → 범고래로 이어져 축적되고, 어미 범고래는 모유를 통해 새끼 범고래에게 고스란히 그 유해 화학 물질을 전달함으로써 범고래들은 서서히 죽어 가 결국 개체 수가 줄고 있는 상황이다.
2. 사용한 화학 물질들이 바다로 흘러 들어가지 않도록 관리 체계를 확실하게 만들어야 할 것 같다. 또한 많은 국가들이 유해 화학 물질을 사용하지 않도록 강력하고 엄격한 친환경 조치가 필요하다고 생각한다.

'미래의 화학 물질'에는 어떤 것들이 있을까요?

1. 바이오 화학이란 미생물이나 동식물 등 생활 자원인 바이오매스를 원료로 화학 제품을 생산하는 산업이다. 가까운 미래에는 톱밥, 볏짚, 곡물에서부터 음식물 쓰레기, 동물 똥에 이르기까지 산업 활동에서 만들어지는 폐자원을 모두 바이오매스 자원으로 활용해 석유처럼 고갈될 염려가 없으면서도, 친환경적으로 지속 성장이 가능해 환경 오염이 훨씬 많이 줄어들 것이다.
2. 내가 만약 미래에 화학자가 된다면 집에서 함께 사는 반려동물의 똥을 바이오매스로 활용해 가정용 전기를 만드는 바이오 화학 물질을 개발하고 싶다.

AI 시대 미래 토론

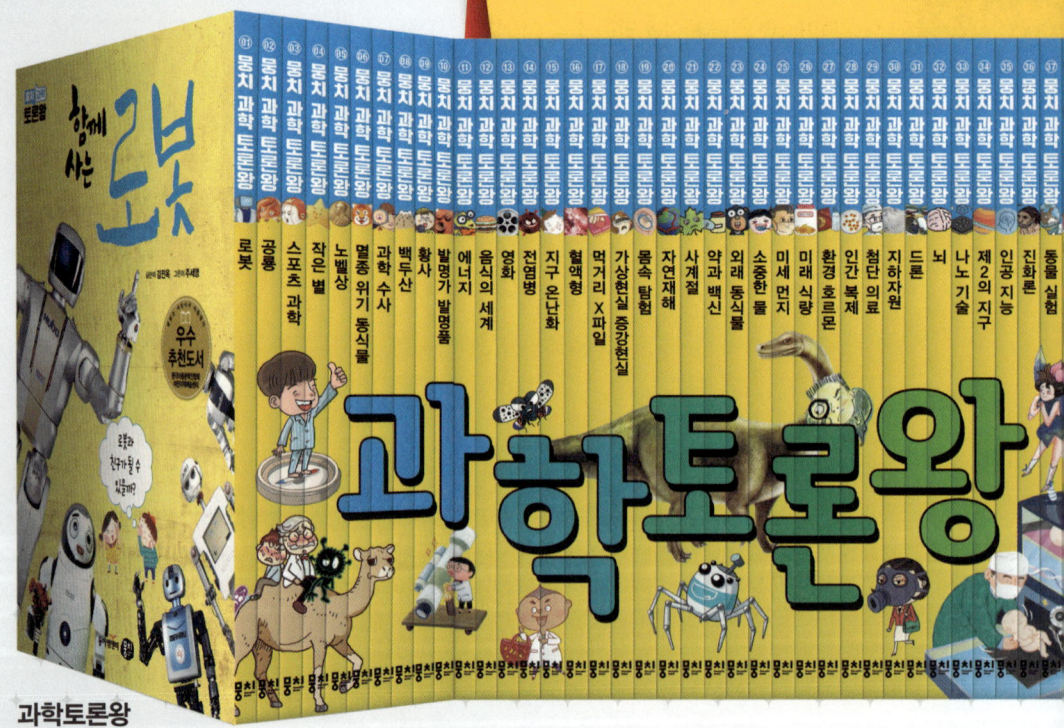

과학토론왕
정가 520,000원

✓ 뭉치북스가 만든 국내 최초 토론
✓ 한국디베이트협회와 교

200만 부 판매 돌파!

| 공부다!
인재를 위한
과서

사회토론왕
정가 520,000원

✓ **초등 국어 교과서 선정 도서!**
론가들이 강력 추천한 책!

- 한우리 추천도서
- 경향신문 추천도서
- 경기도 초등토론 교육연구회 추천
- 경기도 지부 독서 골든벨 선정도서
- 환경정의 어린이 환경책 권장도서
- 학교도서관 사서협의회 추천도서
- 한국 아동문학인협회 우수도서

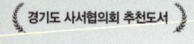

뭉치수학왕

수학이 쉬워지고, 명작보다 재미있는

"인공지능(AI) 시대의 힘은 수학에서 나온다!"

개념 수학

〈수와 연산〉
1. 양치기 소년은 연산을 못한대
2. 견우와 직녀가 분수 때문에 싸웠대
3. 가우스, 동화 나라의 사라진 0을 찾아라
4. 가우스는 소수 대결로 마녀들을 물리쳤어
5. 앨런, 분수와 소수로 악당 히들러를 쫓아내라
6. 약수와 배수로 유령 선장을 이긴 15소년

〈도형〉
7. 헨젤과 그레텔은 도형이 너무 어려워
8. 오일러와 피노키오는 도형 춤 대회 1등을 했어
9. 오일러, 오즈의 입체도형 마법사를 찾아라
10. 유클리드, 플라톤의 진리를 찾아 도형 왕국을 구하라
11. 입체도형으로 수학왕이 된 앨리스

〈측정〉
12. 쳇! 신데렐라는 시계를 못 본대
13. 알쏭달쏭 알라딘은 단위가 헷갈려
14. 아르키메데스 어림하기로 걸리버 아저씨를 구해줘
15. 원주율로 떠나는 오디세우스의 수학 모험

〈규칙성〉
16. 떡장수 할머니와 호랑이는 구구단을 몰라
17. 페르마, 수리수리 규칙을 찾아라
18. 피보나치, 수를 배열해 비밀의 밤을 탈출해
19. 비례배분으로 보물섬을 발견한 해적 실버

〈자료와 가능성〉
20. 아기 염소는 경우의 수로 늑대를 이겼어
21. 파스칼은 통계 정리로 나쁜 왕을 혼내 줬어
22. 로미오와 줄리엣이 첫눈에 반할 확률은?

〈문장제〉
23. 개념 수학-백점 맞는 수학 문장제①
24. 개념 수학-백점 맞는 수학 문장제②
25. 개념 수학-백점 맞는 수학 문장제③

융합 수학
26. 쌍둥이 건물 속 대칭축을 찾아라(건축)
27. 열차와 배에서 배수와 약수를 찾아라(교통)
28. 스포츠 속 황금 각도를 찾아라(스포츠)
29. 옷과 음식에도 단위의 비밀이 있다고?(음식과 패션)
30. 꽃잎의 개수에 담긴 수열의 비밀(자연)

창의 사고 수학
31. 퍼즐탐정 썰렁홈즈①-외계인 스콜피오스의 음모
32. 퍼즐탐정 썰렁홈즈②-315일간의 우주여행
33. 퍼즐탐정 썰렁홈즈③-뒤죽박죽 백설 공주 구출 작전
34. 퍼즐탐정 썰렁홈즈④-'지지리 마란드러' 방학 숙제 대작전
35. 퍼즐탐정 썰렁홈즈⑤-수학자 '더하길 모테'와 한판 승부
36. 퍼즐탐정 썰렁홈즈⑥-설국언자 기관사 '어도글 달리능기라'
37. 퍼즐탐정 썰렁홈즈⑦-해설 및 정답

수학 개념 사전
38. 수학 개념 사전①-수와 연산
39. 수학 개념 사전②-도형
40. 수학 개념 사전③-측정·규칙성·자료와 가능성

정가 520,000원